Linee guida OCSE per le imprese multinazionali sulla condotta responsabile d'impresa

OECD
MIGLIORI POLITICHE
PER UNA VITA MIGLIORE

Gli emendamenti del 2023 alle Linee guida per le imprese multinazionali sulla condotta responsabile d'impresa sono stati adottati dagli Aderenti alla Dichiarazione sugli investimenti internazionali e le imprese multinazionali [OECD/LEGAL/0144]. La decisione sulle Linee guida per le multinazionali sulla condotta responsabile d'impresa [OECD/LEGAL/0307] è stata adottata dal Consiglio dell'OCSE a livello ministeriale. I commenti ad entrambi sono stati approvati dal Comitato per gli Investimenti dell'OCSE. La Prefazione è pubblicata sotto la responsabilità del Segretario Generale dell'OCSE e non riflette necessariamente le opinioni ufficiali dei Paesi membri dell'OCSE.

Il presente documento, così come tutti i dati e tutte le mappe geografiche che esso comprende, non pregiudica lo status o la sovranità su ogni territorio, con riferimento alla delimitazione delle frontiere e dei confini internazionali e alla denominazione di ogni territorio, città o area.

Si prega di citare sempre la presente pubblicazione come riportato qui sotto:
OECD (2024), *Linee guida OCSE per le imprese multinazionali sulla condotta responsabile d'impresa*, OECD Publishing, Paris, https://doi.org/10.1787/cdce11ac-it.

ISBN 978-92-64-62120-6 (Stampa)
ISBN 978-92-64-69914-4 (PDF)

Titolo originale: OECD (2023), *OECD Guidelines for Multinational Enterprises on Responsible Business Conduct*, OECD Publishing, Paris, https://doi.org/10.1787/81f92357-en.
Questa traduzione è stata commissionata dalla Direzione per gli affari finanziari e imprenditoriali e la sua accuratezza non può essere garantita dall'OCSE. Le uniche versioni ufficiali sono i testi inglese e/o francese.

Gli errata corrige delle pubblicazioni possono essere consultati online sul sito: www.oecd.org/about/publishing/corrigenda.htm.

Prefazione

Le *Linee guida OCSE per le imprese multinazionali sulla condotta responsabile d'impresa* (le *Linee guida*) sono raccomandazioni rivolte congiuntamente dai governi alle imprese multinazionali per migliorare il contributo di queste ultime allo sviluppo sostenibile e affrontare gli impatti negativi associati alle loro attività sulle persone, sul pianeta e sulla società. Le *Linee guida* sono supportate da un meccanismo di attuazione unico, i Punti di contatto nazionali per la condotta responsabile d'impresa (PCN), istituiti dai governi per contribuire ad accrescere l'efficacia delle *Linee guida*.

Dalla loro introduzione nel 1976, le *Linee guida* sono state continuamente aggiornate per rimanere adatte allo scopo, tenuto conto delle sfide della società e dell'evoluzione del contesto internazionale. L'aggiornamento del 2023 riflette un decennio di esperienza dalla loro ultima revisione del 2011 e risponde alle priorità sociali, ambientali e tecnologiche che le società e le imprese devono affrontare con urgenza. Le principali novità riguardano:

- Le raccomandazioni rivolte alle imprese affinché si allineino agli obiettivi concordati a livello internazionale in materia di cambiamento climatico e biodiversità;
- L'introduzione della due diligence (o anche dovere di diligenza) in materia di sviluppo, finanziamento, vendita, concessione di licenze, commercio ed uso della tecnologia, compresi la raccolta e l'utilizzo dei dati;
- Le raccomandazioni alle imprese su come esercitare la due diligence in relazione agli impatti ed ai rapporti d'affari legati all'uso dei loro prodotti e servizi;
- Una migliore protezione per le persone e i gruppi a rischio, compresi coloro che esprimono preoccupazioni in merito alla condotta delle imprese;
- Le raccomandazioni aggiornate sulla divulgazione di informazioni relative alla condotta responsabile d'impresa;
- L'estensione delle raccomandazioni sulla due diligence a tutte le forme di corruzione;
- Le raccomandazioni alle imprese per garantire che le rispettive attività di lobbying siano compatibili con le *Linee guida*;
- Il rafforzamento delle procedure per garantire la visibilità, l'efficacia e l'equivalenza funzionale dei Punti di contatto nazionali per una condotta responsabile d'impresa.

L'aggiornamento è stato effettuato dai 51 Aderenti alla Dichiarazione dell'OCSE sugli investimenti internazionali e le imprese multinazionali e dall'Unione europea nel contesto del Gruppo di lavoro dell'OCSE sulla condotta responsabile d'impresa e del Comitato per gli investimenti dell'OCSE. L'aggiornamento ha beneficiato dello stretto coinvolgimento degli stakeholder istituzionali Business at OECD, Trade Union Advisory Committee to the OECD ed OECD Watch, che rappresentano il punto di vista di milioni di imprese, lavoratori e membri della società civile a livello globale. Il processo è anche passato attraverso due consultazioni pubbliche aperte agli stakeholder di tutti i paesi del mondo.

Gli organi dell'OCSE e i rispettivi Segretariati sono stati consultati e hanno contribuito alla revisione dei capitoli tematici delle *Linee guida*: tra essi il Comitato per la concorrenza; il Comitato per le politiche sui consumatori; il Comitato per la Corporate Governance; il Comitato per l'assistenza allo sviluppo; il Comitato per le politiche dell'economia digitale; il Comitato per l'occupazione, il lavoro e gli affari sociali; il Comitato per la politica ambientale; il Comitato per i mercati finanziari; il Comitato per gli affari fiscali; il Comitato per l'industria, l'innovazione e l'imprenditorialità; il Comitato per le assicurazioni e le pensioni private; il Comitato per la politica scientifica e tecnologica; il Comitato per le PMI e l'imprenditorialità; il Comitato per il commercio; il Gruppo di lavoro sulla corruzione nelle transazioni commerciali internazionali; e il Gruppo di lavoro degli alti funzionari per l'integrità pubblica.

L'aggiornamento è stato interamente supportato dal Centro OCSE per la condotta responsabile d'impresa presso la Direzione degli affari finanziari e delle imprese.

Sommario

Segui le pubblicazioni dell'OCSE su:

https://twitter.com/OECD

https://www.facebook.com/theOECD

https://www.linkedin.com/company/organisation-eco-cooperation-development-organisation-cooperation-developpement-eco/

https://www.youtube.com/user/OECDiLibrary

https://www.oecd.org/newsletters/

Dichiarazione sugli investimenti internazionali e le imprese multinazionali

I GOVERNI ADERENTI[1]

CONSIDERANDO:

- che gli investimenti internazionali rivestono un ruolo di primaria importanza nell'economia mondiale e hanno contribuito in misura considerevole allo sviluppo dei rispettivi paesi;
- che le Imprese Multinazionali svolgono un ruolo importante nel processo di tali investimenti;
- che la cooperazione internazionale può migliorare il clima degli investimenti esteri, favorire il contributo positivo che le Imprese Multinazionali possono apportare al progresso economico, sociale e ambientale e minimizzare e risolvere le difficoltà che possono derivare dalle loro operazioni;
- che i vantaggi della cooperazione internazionale possono essere accresciuti affrontando le questioni concernenti gli investimenti internazionali e le Imprese Multinazionali attraverso un quadro equilibrato di strumenti correlati;

DICHIARANO:

Linee guida destinate alle Imprese Multinazionali

I. Che essi raccomandano congiuntamente alle Imprese Multinazionali che operano nei loro territori o a partire da essi, di osservare le Linee guida di cui all'Allegato 1 della presente[2], tenendo conto delle considerazioni e precisazioni contenute nella prefazione, che ne costituiscono parte integrante;

Trattamento nazionale

II. 1. Che i governi aderenti, compatibilmente con l'esigenza di mantenere l'ordine pubblico, proteggere gli interessi essenziali alla propria sicurezza e assolvere gli impegni concernenti la pace e la sicurezza internazionale, dovrebbero accordare alle imprese che operano nei loro territori e che sono possedute o controllate direttamente o indirettamente da soggetti di altro governo aderente (da qui in poi denominate

[1] A partire dall'8 giugno 2023, tutti i membri dell'OCSE sono Aderenti, così come Argentina, Brasile, Bulgaria, Croazia, Egitto, Giordania, Kazakistan, Marocco, Perù, Romania, Tunisia, Ucraina e Uruguay. La Comunità Europea è stata invitata ad associarsi alla sezione sul Trattamento Nazionale per le materie di sua competenza.

[2] Il testo delle *Linee guida* OCSE per le imprese multinazionali sulla condotta responsabile d'impresa è riprodotto nella Parte I di questa pubblicazione.

"Imprese sottoposte a controllo estero") un trattamento conforme ai loro regolamenti, leggi e pratiche amministrative, che conforme al diritto internazionale e non meno favorevole di quello accordato alle imprese nazionali in circostanze analoghe (da qui in poi denominato "Trattamento nazionale");

2. Che i governi aderenti prenderanno in considerazione la possibilità di applicare il "Trattamento nazionale" a paesi diversi dai governi aderenti;

3. Che i governi aderenti si adopereranno affinché le loro suddivisioni territoriali applichino il "Trattamento nazionale";

4. Che la Dichiarazione non concerne il diritto di ogni governo aderente di disciplinare l'ammissione di investimenti esteri o le condizioni per la costituzione di imprese estere;

Obblighi contraddittori

III. Che essi coopereranno per prevenire o attenuare l'imposizione di obblighi contraddittori alle Imprese Multinazionali e che terranno conto delle considerazioni generali e delle soluzioni pratiche come riportate nell'Allegato 2 del presente documento[3];

Incentivi e disincentivi all'investimento internazionale

IV. 1. Che riconoscono la necessità di rafforzare la cooperazione nel campo degli investimenti internazionali diretti;

2. Che riconoscono, pertanto, la necessità di dare il giusto peso agli interessi dei governi aderenti colpiti dagli effetti di specifici regolamenti, leggi e pratiche amministrative in questo campo (chiamate qui di seguito "misure") che forniscono incentivi e disincentivi formali agli investimenti internazionali diretti;

3. Che i governi aderenti si impegneranno per rendere il più possibile trasparenti tali misure, in modo che l'importanza e le finalità possano essere accertate e le relative informazioni possano essere rapidamente disponibili;

Procedure di consultazione

V. Che sono pronti a consultarsi reciprocamente sulle questioni di cui sopra, conformemente alle Decisioni del Consiglio in materia;

Riesame

VI. Che verificheranno periodicamente le suddette questioni, allo scopo di rendere più efficace la cooperazione economica internazionale tra i governi aderenti sulle questioni relative agli investimenti internazionali e alle Imprese Multinazionali.

[3] L'allegato 2 è disponibile nella versione integrale nella Dichiarazione sugli investimenti internazionali e le imprese multinazionali, al seguente indirizzo: https://legalinstruments.oecd.org/en/instruments/OECD-LEGAL-0144 .

Parte I: Linee guida OCSE per le imprese multinazionali sulla condotta responsabile d'impresa

Testo e commenti

Premessa

1. Le *Linee guida OCSE per le imprese multinazionali sulla condotta responsabile d'impresa* (le *Linee guida*) sono raccomandazioni rivolte dai governi alle imprese multinazionali. L'obiettivo comune degli Aderenti alle *Linee guida* è quello di incoraggiare il contributo positivo che le imprese possono apportare al progresso economico, ambientale e sociale e di ridurre al minimo gli impatti negativi nelle materie trattate dalle *Linee guida*, che possono essere associati alle attività, ai prodotti e ai servizi di un'impresa. Una condotta responsabile d'impresa può consentire la creazione di condizioni di parità nei mercati globali, favorire un'imprenditoria dinamica e ben funzionante ed accrescere il contributo delle imprese al conseguimento degli obiettivi di sviluppo sostenibile, anche attraverso la messa in campo di soluzioni per affrontare i cambiamenti climatici.

2. Le *Linee guida* fanno parte della Dichiarazione OCSE sugli investimenti internazionali e le imprese multinazionali *[OECD/LEGAL/0144]*. Gli Aderenti alle *Linee guida* assumono l'impegno vincolante di perseguirne un'efficace attuazione, in conformità con la *Decisione del Consiglio sulle Linee guida OCSE per le imprese multinazionali sulla condotta responsabile d'impresa [OECD/LEGAL/0307]*. I Punti di contatto nazionali per una condotta responsabile d'impresa svolgono un ruolo centrale in tal senso.

3. Le *Linee guida* hanno lo scopo di incoraggiare il commercio e gli investimenti responsabili e di moltiplicare, con ciò, i benefici del commercio e degli investimenti attraverso un impegno e un miglioramento continui nei mercati di tutto il mondo. Il commercio e gli investimenti internazionali rafforzano e approfondiscono i legami tra paesi e regioni del mondo e generano i benefici sostanziali necessari alle società per conseguire risultati in materia di sviluppo sostenibile, tra cui la creazione di nuovi e migliori posti di lavoro, lo sviluppo delle competenze, la disponibilità di prodotti e servizi che migliorino il tenore di vita e l'accesso ai finanziamenti e alla tecnologia necessari per la transizione digitale e la transizione ecologica.

4. Le *Linee guida* esprimono l'aspettativa condivisa degli Aderenti in relazione alla condotta responsabile delle imprese che operano nei rispettivi paesi o a partire da essi e costituiscono un autorevole punto di riferimento per le imprese e per altri stakeholder. Esse raccomandano che le imprese mettano in atto la due diligence basata sul rischio per identificare, prevenire, mitigare gli impatti negativi effettivi e potenziali nelle materie trattate dalle *Linee guida* e rendere conto del modo in cui affrontano tali impatti. A questo proposito, le *Linee guida* completano e rafforzano gli sforzi privati e pubblici tesi a definire ed attuare una condotta responsabile d'impresa.

5. Le *Linee guida* enunciano principi e standard volontari per una condotta responsabile d'impresa in linea con le leggi applicabili e gli standard riconosciuti a livello internazionale. Le materie trattate dalle *Linee guida* possono essere oggetto di diritto interno e di impegni internazionali. Le *Linee guida* contengono raccomandazioni sulla condotta responsabile d'impresa che possono andare oltre gli obblighi giuridici ai quali le imprese sono sottoposte. La raccomandazione rivolta dai governi alle imprese di osservare le *Linee guida* è cosa distinta dalle questioni di responsabilità giuridica e di applicazione del diritto.

6. La capacità delle imprese multinazionali di promuovere lo sviluppo sostenibile è assai maggiore quando il commercio e gli investimenti hanno luogo in un contesto di mercati aperti, competitivi e opportunamente regolamentati, basati sullo stato di diritto e sulla protezione dello spazio assegnato alla

società civile. I governi hanno un ruolo importante da svolgere nel sostenere l'effettiva attuazione delle *Linee guida*, anche attraverso la creazione di un contesto politico favorevole che guidi, sostenga e promuova pratiche imprenditoriali responsabili. La coerenza delle politiche, a livello nazionale e internazionale, può favorire l'allineamento e l'armonizzazione delle iniziative in materia di condotta responsabile d'impresa. A tal proposito, è importante ricorrere ad una combinazione ottimale di strategie e misure governative, che includano tanto strumenti obbligatori quanto volontari, nonché misure di capacity building ed altre misure di accompagnamento. L'elaborazione di politiche, normative e altre misure specifiche sulla condotta responsabile d'impresa dipenderà dal contesto politico, amministrativo e giuridico dei singoli paesi.

7. Il contesto politico, economico, ambientale, sociale, materiale e tecnologico in cui le imprese svolgono le loro attività internazionali sta subendo un cambiamento rapido e profondo. Le stesse *Linee guida* si sono evolute per tener conto di questi cambiamenti. Negli ultimi decenni, il commercio e la finanza internazionali hanno fatto segnare una significativa crescita percentuale rispetto all'economia globale. Le grandi imprese rappresentano ancora una quota rilevante del commercio e degli investimenti internazionali, mentre sono aumentati anche gli scambi e gli investimenti transfrontalieri da parte delle piccole e medie imprese, che ora svolgono un ruolo significativo sui mercati internazionali. Le imprese multinazionali, come pure le imprese nazionali, si sono evolute ed oggi si avvalgono di un più ampio ventaglio di accordi commerciali e forme organizzative. Gli sviluppi tecnologici, le alleanze strategiche e le relazioni più strette con fornitori e appaltatori tendono a sfumare i confini dell'impresa. La rapida evoluzione della struttura delle imprese multinazionali si riflette anche nelle loro attività nelle economie emergenti e in via di sviluppo, la cui quota di scambi e investimenti transfrontalieri è in crescita. Nelle economie emergenti e in via di sviluppo, le imprese multinazionali hanno diversificato le loro attività, prima limitate alla produzione manifatturiera e alle industrie estrattive, ed hanno avviato attività di produzione e di assemblaggio, di sviluppo del mercato interno e di servizi.

8. La natura, la portata e la velocità dei cambiamenti economici hanno posto le imprese ed i loro stakeholder davanti a nuove sfide strategiche. La concorrenza è forte e le imprese multinazionali devono affrontare contesti giuridici, sociali e normativi differenti. Molte imprese multinazionali hanno dimostrato che il rispetto di elevati standard di condotta d'impresa va di pari passo con la crescita e la redditività. Le imprese adottano sempre più modelli di business che perseguono uno sviluppo sostenibile e sostengono la coerenza tra obiettivi economici, ambientali e sociali. Le imprese hanno inoltre promosso il dialogo sociale su ciò che costituisce una condotta responsabile d'impresa e hanno collaborato con gli stakeholder, anche nel contesto di iniziative multi-stakeholder, all'elaborazione di orientamenti per una condotta responsabile d'impresa.

9. L'adozione delle *Linee guida* nel 1976 ed i successivi aggiornamenti riflettono il fatto che alle imprese si richiede, in misura sempre crescente, di adottare i principi e gli standard relativi alla condotta responsabile d'impresa. Le origini di questo sviluppo possono ricondursi ai lavori portati avanti dall'Organizzazione internazionale del lavoro all'inizio del ventesimo secolo. L'adozione da parte delle Nazioni Unite nel 1948 della Dichiarazione universale dei diritti dell'uomo è stato un altro evento fondamentale. Ad essa ha fatto seguito il continuo sviluppo di standard rilevanti in molti settori della condotta responsabile d'impresa. L'OCSE ha contribuito in misura rilevante a questo processo, attraverso lo sviluppo di norme che coprono settori quali l'ambiente, la lotta alla corruzione, gli interessi dei consumatori, il governo societario, la scienza, la tecnologia e l'innovazione e la fiscalità.

10. Le *Linee guida* rimangono il principale strumento internazionale sulla condotta responsabile d'impresa. Gli Aderenti alle *Linee guida* si impegnano a cooperare tra loro e con altri paesi per promuoverne l'attuazione in collaborazione con il gran numero di imprese, sindacati e altre organizzazioni non governative che stanno lavorando, a modo loro, ai medesimi obiettivi.

I. Concetti e principi

1. Le *Linee guida* sono raccomandazioni che i governi, congiuntamente, rivolgono alle imprese multinazionali. Esse enunciano principi e norme di buone pratiche conformi alle leggi applicabili e alle norme riconosciute a livello internazionale. Il rispetto delle *Linee guida* da parte delle imprese è volontario e non giuridicamente vincolante. Tuttavia, alcuni dei temi trattati nelle *Linee guida* possono essere anche regolamentati da leggi nazionali o accordi internazionali.
2. L'osservanza delle leggi nazionali è il primo obbligo delle imprese. Le *Linee guida* non si sostituiscono alle leggi e ai regolamenti nazionali né dovrebbero essere considerate prevalenti rispetto ad essi. L'incapacità dei governi di far rispettare principi e standard coerenti con le *Linee guida* o con gli impegni internazionali correlati lascia impregiudicata l'aspettativa che le imprese osservino le *Linee guida*. Sebbene in molti casi le *Linee guida* vadano al di là della legge, esse non dovrebbero porre l'impresa di fronte ad obblighi contraddittori, non essendo questo il loro scopo. Tuttavia, nei paesi dove le leggi e i regolamenti nazionali sono in conflitto con i principi e le norme delle *Linee guida*, le imprese dovrebbero trovare il modo di rispettare il più possibile tali principi e tali norme, senza violare le leggi nazionali.
3. Poiché le attività delle imprese multinazionali si svolgono nel mondo intero, la cooperazione internazionale in questo campo dovrebbe essere estesa a tutti i paesi. Gli Aderenti alle *Linee guida* invitano le imprese che operano nei loro territori, o a partire da essi, ad osservarle ovunque esse svolgano le loro attività, tenendo conto delle circostanze specifiche di ogni paese ospitante.
4. Una definizione precisa di imprese multinazionali non è necessaria ai fini delle *Linee guida*. Sebbene le *Linee guida* consentano un approccio ampio nell'identificare quali entità possono essere considerate imprese multinazionali ai fini delle *Linee guida*, la natura internazionale della struttura o delle attività di un'impresa e la sua forma commerciale, lo scopo o le attività sono i principali fattori da prendere in considerazione a questo proposito. Tali imprese operano in tutti i settori dell'economia. Solitamente, si tratta di imprese o di altre entità insediate in più di un paese e collegate in modo da poter coordinare le rispettive attività in varie forme. Mentre una o più di queste entità possono esercitare una significativa influenza sulle attività di altre entità in un gruppo, il loro grado di autonomia all'interno del gruppo può variare notevolmente da una multinazionale all'altra. La proprietà può essere privata, pubblica o mista. Le *Linee guida* sono rivolte a tutte le entità che compongono l'impresa multinazionale (società madre e/o entità locali). A seconda dell'effettiva distribuzione delle responsabilità tra di esse, le diverse entità sono chiamate a cooperare e ad assistersi reciprocamente per facilitare il rispetto delle *Linee guida*.
5. Le *Linee guida* non mirano a introdurre differenze di trattamento fra imprese multinazionali e imprese nazionali; le buone pratiche che esse raccomandano sono valide per tutte. Di conseguenza, le imprese multinazionali e nazionali sono tenute al medesimo comportamento in tutti i casi nei quali le *Linee guida* siano ad entrambe applicabili.
6. I governi desiderano incoraggiare la più ampia osservanza delle *Linee guida*. Pur riconoscendo che le piccole e medie imprese non dispongono delle stesse capacità delle grandi imprese, i governi aderenti le invitano, tuttavia, a osservare le raccomandazioni delle *Linee guida* nella misura più ampia possibile.

7. Gli Aderenti alle *Linee guida* non dovrebbero utilizzarle a scopo protezionistico né in modo da mettere in discussione il vantaggio comparato di qualsiasi paese in cui le imprese multinazionali investano.
8. I governi hanno il diritto di stabilire le condizioni cui assoggettare le attività delle imprese multinazionali entro le rispettive giurisdizioni, conformemente al diritto internazionale. Le entità di un'impresa multinazionale insediate in diversi paesi sono sottoposte alle leggi applicabili in questi paesi. Qualora le imprese multinazionali siano assoggettate a obblighi contraddittori da parte di paesi aderenti o di paesi terzi, i governi interessati sono incoraggiati a cooperare in buona fede per risolvere i problemi che ne possano derivare.
9. Gli Aderenti, nel sottoscrivere le *Linee guida*, hanno assunto l'impegno di fare tutto quanto di loro competenza per garantire alle imprese un trattamento equo e conforme al diritto internazionale e ai propri obblighi contrattuali.
10. È incoraggiato il ricorso ad adeguati meccanismi internazionali di composizione delle controversie, compreso l'arbitrato, per facilitare la risoluzione delle questioni di natura giuridica che possono insorgere tra le imprese e i governi dei paesi ospitanti.
11. Gli Aderenti alle *Linee guida* si impegnano ad attuarle e a promuoverne l'uso. Essi istituiranno dei Punti di contatto nazionali per una condotta responsabile d'impresa che avranno il compito di promuovere le *Linee guida* e di fungere da forum di discussione su tutte le tematiche concernenti le *Linee guida*. Inoltre, gli Aderenti parteciperanno ad adeguate procedure di consultazione e di revisione per affrontare le questioni relative all'interpretazione e all'attuazione delle *Linee guida* e per preservarne, in modo continuativo, la rilevanza, in un mondo in evoluzione.

II. Principi generali

Le imprese dovrebbero tenere pienamente conto delle politiche in atto nei paesi in cu operano e prendere in considerazione i punti di vista degli altri stakeholder. A tale riguardo:

A. Le imprese dovrebbero:

1. Contribuire al progresso economico, sociale e ambientale per realizzare uno sviluppo sostenibile.
2. Rispettare i diritti umani internazionalmente riconosciuti delle persone interessate dalle loro attività.
3. Incoraggiare lo sviluppo delle competenze locali tramite una stretta cooperazione con la comunità locale, inclusi gli ambienti degli affari, sviluppando nello stesso tempo le attività dell'impresa nei mercati interni ed esteri, compatibilmente con l'esigenza di una sana pratica commerciale.
4. Incoraggiare la formazione di capitale umano, in particolare creando opportunità di occupazione e favorendo la formazione dei dipendenti.
5. Garantire la trasparenza e l'integrità nelle attività di lobbying ed astenersi dal ricercare o dall'accettare esenzioni non contemplate nelle norme di legge o regolamentari relative ai diritti umani, all'ambiente, alla salute, alla sicurezza, al lavoro, alla fiscalità, agli incentivi finanziari o ad altre materie.
6. Sostenere e fare osservare i principi di buon governo societario e sviluppare e applicare buone pratiche di governo societario, anche nei gruppi imprenditoriali.
7. Elaborare ed applicare pratiche di autoregolamentazione e sistemi di amministrazione efficaci che promuovano un rapporto di fiducia reciproca fra le imprese ed il contesto sociale in cui esse operano.
8. Promuovere fra i lavoratori alle dipendenze delle imprese multinazionali la consapevolezza delle politiche aziendali e l'adesione alle stesse, attraverso una loro appropriata divulgazione, anche tramite programmi di formazione.
9. Astenersi dall'adozione di misure discriminatorie o disciplinari o, comunque, da ritorsioni nei confronti di lavoratori, rappresentanti sindacali o altri rappresentanti dei lavoratori che, in buona fede, segnalano alla direzione o, se del caso, alle pubbliche autorità competenti, comportamenti contrari alla legge, alle *Linee guida* o alle politiche dell'impresa;
10. Evitare il ricorso alla ritorsione ed adottare misure per impedire tale pratica, anche da parte di soggetti con i quali l'impresa ha un rapporto d'affari, nei confronti di persone o gruppi che possano indagare o esprimere preoccupazioni in merito agli impatti negativi effettivi o potenziali associati ad attività, prodotti o servizi dell'impresa o che possano cercare di farlo. Il che significa, tra l'altro, promuovere un ambiente in cui gli individui ed i gruppi sentano di poter esprimere preoccupazioni in sicurezza e, se del caso, contribuire a porre rimedio agli impatti negativi delle ritorsioni ove essi si verifichino;
11. Mettere in atto una due diligence basata sul rischio, ad esempio integrandola nei sistemi di gestione del rischio d'impresa, al fine di identificare, prevenire e mitigare gli impatti negativi, potenziali o effettivi, descritti nei paragrafi 12 e 13 e rendere conto di come tali impatti vengono affrontati. La natura e l'estensione della due diligence dipendono dalle circostanze specifiche di ciascuna situazione.

12. Evitare di causare o contribuire con le proprie attività agli impatti negativi nelle materie trattate dalle *Linee guida* e prendere le misure opportune quando tale impatto si verifichi, anche provvedendo o cooperando all'adozione di misure rimediali in relazione agli impatti negativi.
13. Cercare di prevenire o mitigare un impatto negativo quando, pur non avendo contribuito a provocarlo, tale impatto sia tuttavia direttamente legato alle loro attività, ai loro prodotti o ai loro servizi in virtù di un rapporto d'affari. Con ciò non si intende trasferire la responsabilità dall'entità che ha causato un impatto negativo all'impresa con cui essa intrattiene un rapporto d'affari.
14. Oltre ad affrontare gli impatti negativi sulle materie trattate dalle *Linee guida*, incoraggiare, per quanto possibile, le entità con cui esse hanno rapporti d'affari, ad applicare principi di condotta responsabile d'impresa conformi alle *Linee guida*.
15. Coinvolgere in maniera significativa gli stakeholder interessati o i loro legittimi rappresentanti, come parte della messa in atto delle due diligence, per offrire loro l'opportunità di far valere il proprio punto di vista in merito alle attività che potrebbero interessarli significativamente nelle materie trattate dalle *Linee guida*.
16. Astenersi da qualsiasi indebita ingerenza nelle attività politiche.

B. Le imprese sono invitate a:

1. Prendere parte o, a seconda dei casi, dare sostegno alle iniziative private o multi-stakeholder e al dialogo sociale sul tema della condotta responsabile d'impresa, assicurando che tali iniziative tengano nel debito conto i loro effetti sociali ed economici sulle economie in via di sviluppo e sulle norme in essere riconosciute a livello internazionale.

Commenti al Capitolo II: Principi generali

1. Il capitolo delle *Linee guida* dedicato ai "Principi generali" è il primo a riportare precise raccomandazioni destinate alle imprese. La sua importanza deriva dal fatto che stabilisce l'impostazione generale ed alcuni principi fondamentali comuni alle raccomandazioni specifiche dei capitoli che seguono.

2. Le imprese sono incoraggiate a cooperare con i governi per lo sviluppo e l'attuazione di politiche e regolamentazioni. Prendere in considerazione i punti di vista degli altri stakeholder presenti nella società, inclusi le comunità locali e coloro che subiscono o potrebbero subire le conseguenze negative delle loro attività, oltre che delle imprese interessate, può arricchire tale processo. Si riconosce anche che i governi dovrebbero dar prova di trasparenza nei propri rapporti con le imprese e consultarsi con esse su tali questioni. Le imprese, le parti sociali e altri stakeholder, come le organizzazioni della società civile e i sindacati, dovrebbero essere considerate come collaboratori dei governi nell'elaborazione e nell'utilizzo degli strumenti volontari e normativi (dei quali le *Linee guida* costituiscono un elemento) connessi alle politiche che le riguardano.

3. Non può esservi contraddizione tra le attività delle imprese multinazionali e lo sviluppo sostenibile e le *Linee guida* intendono favorirne la complementarità. Di fatto, i legami tra progresso economico, progresso sociale e progresso ambientale sono di primaria importanza nel perseguire l'obiettivo dello sviluppo sostenibile[1].

4. Il capitolo IV sviluppa la raccomandazione generale sui diritti umani, di cui al paragrafo A.2.

---

[1] Una delle definizioni di sviluppo sostenibile più ampiamente accettate dalla Commissione Mondiale sull'Ambiente e lo Sviluppo (Commissione Brundtland) del 1987 è: "Sviluppo che soddisfa i bisogni del presente senza compromettere la capacità delle generazioni future di soddisfare i propri bisogni". Gli obiettivi globali volti a sradicare la povertà globale, proteggere il pianeta e garantire che tutte le persone godano di pace e prosperità rappresentano un importante punto di riferimento a tale riguardo.

5. Le *Linee guida* riconoscono e incoraggiano altresì il contributo che le imprese multinazionali possono portare allo sviluppo delle competenze locali, quale risultato delle attività svolte nelle comunità locali. Parimenti, la raccomandazione relativa alla creazione di capitale umano è un esplicito e lungimirante riconoscimento del contributo che le imprese multinazionali possono offrire ai dipendenti per lo sviluppo umano individuale, e concerne non soltanto la fase dell'assunzione, ma anche la formazione e le altre possibilità di crescita dei dipendenti. La creazione di capitale umano include anche la nozione di non discriminazione in sede di assunzione, di promozione, di formazione permanente e di altre attività di formazione sul lavoro.

6. Le imprese partecipano liberamente al pubblico dibattito. Quando si impegnano in attività di advocacy, le imprese dovrebbero tenere in debita considerazione la *Raccomandazione sui principi per la trasparenza e l'integrità nelle attività di lobbying* [OECD/LEGAL/0379] e garantire che le loro attività di lobbying siano coerenti con i loro impegni e obiettivi sulle materie trattate dalle *Linee guida*. I governi sono responsabili della creazione di un quadro di integrità pubblica adeguato ai rischi relativi al lobbismo dei funzionari pubblici. Le *Linee guida*, in generale, raccomandano alle imprese di astenersi dal tentare di ottenere esenzioni che non siano contemplate nel quadro legislativo o regolamentare, relative tra l'altro ai diritti umani, all'ambiente, alla salute, alla sicurezza, al lavoro, alla fiscalità, agli incentivi finanziari, senza pregiudicare il diritto delle imprese di cercare di ottenere modifiche alle disposizioni legislative e regolamentari. L'espressione "o dall'accettare" ribadisce, peraltro, il ruolo dello stato nell'offrire tali esenzioni. Anche se tali disposizioni vengono tradizionalmente rivolte ai governi, esse riguardano direttamente anche le imprese multinazionali. Occorre, comunque, ricordare che, in alcuni casi, particolari esenzioni legali o di altra natura possono essere previste dall'ordinamento stesso per legittimi motivi di interesse pubblico. I capitoli sull'ambiente e sulla concorrenza forniscono degli esempi.

7. Le *Linee guida* raccomandano che le imprese applichino le buone pratiche di governo societario tratte dai *Principi di governo societario del G20/OCSE* [OECD/LEGAL/0413]. I Principi richiedono di tutelare e favorire l'esercizio dei diritti degli azionisti, in particolare quello ad un equo trattamento. Le imprese dovrebbero rispettare i diritti degli stakeholder stabiliti per legge o di comune accordo e favorire la cooperazione con essi per creare ricchezza ed opportunità di occupazione e garantire imprese sostenibili e resilienti.

8. I Principi attribuiscono al consiglio di amministrazione della controllante il compito di assicurare la guida strategica dell'impresa, di monitorare efficacemente la gestione e di rendere conto all'impresa e agli azionisti, senza trascurare gli interessi degli stakeholder. Nell'assumersi tali responsabilità, il consiglio di amministrazione deve garantire l'integrità dei sistemi di contabilità e di rendicontazione finanziaria dell'impresa, in particolare revisioni contabili indipendenti, l'esistenza di sistemi di controllo adeguati, in particolare per quanto riguarda la gestione del rischio ed il controllo finanziario e operativo, nonché la conformità con le leggi e le norme applicabili.

9. I Principi si estendono alle imprese quotate nell'ambito di gruppi imprenditoriali, anche se i consigli di amministrazione delle controllate potrebbero essere soggetti ad obblighi imposti dalla legislazione del paese in cui esse sono costituite in società. I sistemi di conformità alle norme e controllo dovrebbero, ove possibile, essere estesi a tali controllate. Inoltre, la vigilanza del consiglio di amministrazione sul governo societario implica una revisione continua delle strutture interne, al fine di garantire linee chiare di responsabilità gestionale in tutto il gruppo.

10. Le imprese multinazionali a controllo pubblico sono soggette alle stesse raccomandazioni delle imprese a proprietà privata, ma il controllo pubblico è spesso più stringente quando il proprietario finale è uno stato. *Le Linee guida OCSE sul governo societario delle imprese di stato* costituiscono una guida utile e personalizzata per tali imprese e le raccomandazioni ivi contenute possono migliorarne significativamente il governo.

11. Sebbene il compito primario di migliorare il quadro normativo legale ed istituzionale spetti ai governi, le imprese hanno ottime ragioni di natura commerciale per mettere in atto un buon governo societario.

12. Una rete sempre più fitta di strumenti e di azioni di autodisciplina a carattere non governativo interessa i vari aspetti del comportamento delle imprese e dei rapporti tra le imprese e la collettività. Sviluppi interessanti al riguardo sono in corso nel settore finanziario. Le imprese sono consapevoli che le loro attività hanno spesso un'incidenza sociale e ambientale. Ne sono esempi l'adozione di pratiche di autoregolamentazione e di sistemi gestionali e la partecipazione alle relative iniziative multi-stakeholder da parte di imprese che intendono realizzare tali obiettivi e contribuire, così, a uno sviluppo sostenibile. Le pratiche di autoregolamentazione e le iniziative multi-stakeholder dovrebbero essere credibili e trasparenti. Laddove tali iniziative siano incentrate sulla due diligence in materia di condotta responsabile d'impresa, l'allineamento con gli standard internazionali pertinenti come le *Linee guida* può favorire una maggiore efficacia riducendo al contempo la complessità e i costi per le imprese impegnate in tali iniziative. A sua volta, lo sviluppo di tali pratiche può contribuire alla creazione di relazioni costruttive tra le imprese e le società in cui operano. Sebbene le imprese possano collaborare a livello di settore o multi-stakeholder, esse rimangono individualmente responsabili dell'efficace messa in atto della due diligence.

13. Come conseguenza dell'attuazione di efficaci pratiche di autoregolamentazione, normalmente ci si attende anche che le imprese conducano un'azione di sensibilizzazione dei propri dipendenti sulle misure adottate. Sono inoltre raccomandati meccanismi per tutelare le "denunce in buona fede", in particolare per tutelare quei dipendenti che, in assenza di misure rimediali tempestive o con il rischio di subire, verosimilmente, un provvedimento disciplinare, segnalino alle pubbliche autorità competenti pratiche contrarie alla legge. Tale forma di tutela assume particolare rilievo in relazione ai controlli interni, ai programmi di etica e conformità relativi alla lotta alla corruzione trattati nel capitolo VII, nonché alle iniziative ambientali, ed è pertinente anche per altre raccomandazioni contenute nelle *Linee guida*.

14. Le imprese dovrebbero adottare misure per creare uno spazio in cui possano essere espresse in sicurezza le preoccupazioni relative agli impatti negativi relativi alle loro attività o alle attività delle entità con cui hanno un rapporto d'affari. Astenersi dal ricorso a ritorsioni e adottare misure per impedirlo è importante per proteggere lo spazio assegnato alla società civile e prevenire danni a gruppi e individui che indagano su, esprimono o segnalano tali dubbi, o che cercano di farlo. Le ritorsioni includono azioni ritorsive o discriminatorie intese a censurare, intimidire, danneggiare o mettere a tacere chi muove critiche, come minacce, campagne diffamatorie, insulti, molestie, intimidazioni, sorveglianza, azioni legali strategiche contro la partecipazione pubblica, tentativi di criminalizzazione di attività lecite, attacchi fisici e uccisioni.

15. Ai fini delle *Linee guida*, per due diligence si intende quel processo che, in quanto parte integrante dei sistemi decisionali e di gestione del rischio, permette alle imprese di identificare, prevenire e mitigare i propri impatti negativi, effettivi e potenziali e di rendere conto del modo in cui affrontano il problema. La Guida dell'OCSE sul dovere di diligenza [due diligence] per la condotta responsabile d'impresa e le guide settoriali alla due diligence dell'OCSE aiutano le imprese a comprendere e ad attuare le raccomandazioni in materia di due diligence delle *Linee guida*. Inoltre, cercano di promuovere una visione comune tra i governi e gli stakeholder sulla due diligence basata sul rischio per una condotta responsabile d'impresa. A tal fine, la Guida dell'OCSE sul dovere di diligenza per la condotta responsabile d'impresa stabilisce un quadro di due diligence che i governi si sono impegnati a sostenere e monitorare attivamente. Essa delinea le seguenti misure: 1) integrare la condotta responsabile d'impresa nelle politiche e nei sistemi di gestione; 2) identificare e valutare gli effetti negativi effettivi e potenziali associati alle attività, ai prodotti o ai servizi dell'impresa; 3) cessare, prevenire e mitigare gli impatti negativi; 4) monitorare l'attuazione e i risultati; 5) comunicare come vengono affrontati gli impatti; e 6) provvedere o cooperare all'adozione di misure rimediali, se del caso. Essa suggerisce inoltre azioni pratiche per attuare tali misure. Non tutte le azioni pratiche menzionate nella guida sulla due diligence saranno adatte ad ogni situazione.

16. La due diligence può essere integrata in sistemi più ampi di gestione del rischio d'impresa, purché non si limiti semplicemente a identificare e gestire rischi pertinenti all'impresa stessa ma comprenda i rischi di impatto negativo relativi alle materie trattate nelle *Linee guida*. Gli impatti potenziali devono essere affrontati con l'adozione di misure di prevenzione o di mitigazione; quelli effettivi con l'adozione di misure rimediali. Le *Linee guida* si riferiscono agli impatti negativi che l'impresa ha causato o a cui ha contribuito, oppure che sono direttamente legati alle sue attività, ai suoi prodotti o ai suoi servizi tramite un rapporto d'affari, come descritto nei paragrafi A.12 e A.13. La due diligence può aiutare le imprese ad evitare il rischio di tali impatti negativi. Ai fini di questa raccomandazione, "contribuire a" un impatto negativo dovrebbe essere interpretato come contributo sostanziale, ovvero un'attività che provochi, favorisca o incentivi un'altra entità a provocare un impatto negativo, escludendo contributi minori o di importanza trascurabile. La relazione di un'impresa con l'impatto negativo non è statica. Può cambiare, ad esempio con l'evolversi delle situazioni e nella misura in cui la due diligence e le azioni intraprese per affrontare i rischi e gli impatti identificati riducono il rischio che gli impatti stessi si verifichino.

17. L'espressione "rapporto d'affari" comprende le relazioni con partner commerciali, subappaltatori, franchisee, società partecipate, clienti e partner di joint venture, entità nella catena di fornitura che forniscono prodotti o servizi che contribuiscono alle attività, ai prodotti o ai servizi dell'impresa o che ricevono, concedono in licenza, acquistano o utilizzano prodotti o servizi dall'impresa, e qualsiasi altra entità non statale o statale direttamente legata alle sue attività, prodotti o servizi. I rapporti con i singoli consumatori, che sono persone fisiche che agiscono per scopi non correlati a un'attività imprenditoriale, commerciale o governativa, non sono generalmente considerati "rapporti d'affari" ai sensi delle *Linee guida*, sebbene un'impresa possa contribuire agli impatti negativi causati da essi. I rapporti d'affari includono relazioni che vanno oltre i rapporti contrattuali, di "primo livello" o immediati. Le entità con le quali un'impresa ha un rapporto d'affari possono o operare o meno nei territori degli Aderenti o a partire da essi. La capacità di un'impresa di identificare, prevenire e mitigare gli impatti negativi effettivi e potenziali, come descritto nel paragrafo A.11, può variare a seconda dei diversi tipi di rapporto d'affari e altri fattori, incluso quanto descritto nel Commento al paragrafo 24.

18. La raccomandazione di cui al paragrafo A.11 si applica alle questioni individuate dalle *Linee guida* relative agli impatti negativi associati alle attività, ai prodotti e ai servizi di un'impresa. La raccomandazione di cui al paragrafo A.11 non si applica ai capitoli su Concorrenza e Fiscalità. Tutte le raccomandazioni delle *Linee guida* relative alla due diligence vanno lette alla luce dei paragrafi A.11-13 e relativi commenti.

19. Nel determinare quali siano la natura e la portata della due diligence, (nonché le misure da adottare), adeguate a situazioni particolari, occorre tener conto di fattori quali il contesto delle attività dell'impresa e le raccomandazioni specifiche delle *Linee guida* e della loro proporzionalità rispetto alle dimensioni dell'impresa, al suo coinvolgimento negli impatti negativi ed alla gravità di questi ultimi. A questo proposito, le misure che un'impresa adotta per condurre la due diligence dovrebbero essere basate sul rischio, commisurate alla gravità e alla probabilità dell'impatto negativo, nonché appropriate e proporzionate al suo contesto. Laddove non fosse possibile affrontare simultaneamente tutti gli impatti identificati, un'impresa dovrebbe stabilire l'ordine di priorità delle proprie azioni in base alla gravità e alla probabilità dell'impatto negativo.

20. Le *Linee guida* riconoscono che la maggior parte delle imprese potrebbe non avere la capacità di valutare tali impatti o di impegnarsi con tutte le entità con cui hanno un rapporto d'affari. Quando le imprese si avvalgono di un gran numero di fornitori e di altri rapporti d'affari, esse sono invitate a identificare gli ambiti generali in cui il rischio di impatti negativi sia particolarmente significativo e, sulla base di tale valutazione del rischio, a mettere in atto la due diligence dando priorità a tali ambiti, in linea con le misure delineate nel Commento al paragrafo 19. La due diligence basata sul rischio relativa ai prodotti o servizi di un'impresa dovrebbe tenere conto delle circostanze note o ragionevolmente prevedibili relative all'uso del prodotto o servizio in conformità con la sua destinazione d'uso, o in condizioni di uso improprio o sbagliato ragionevolmente prevedibili, che possono dar luogo ad impatti negativi. Raccomandazioni per la due diligence relative a questioni specifiche sono fornite nei capitoli attinenti.

21. Qualora un'impresa causasse o rischiasse di causare un impatto negativo, essa dovrebbe adottare le misure necessarie per porvi fine o prevenirlo.

22. Qualora un'impresa contribuisse o rischiasse di contribuire ad un impatto negativo, essa dovrebbe adottare le misure necessarie ad interrompere o prevenire il proprio contributo, usando la propria influenza per mitigare ogni impatto residuo nella maggior misura possibile. Tale influenza è considerata sussistente quando l'impresa ha la capacità di imprimere un cambiamento alle pratiche erronee dell'entità che causa il danno.

23. Le *Linee guida* riconoscono che la responsabilità non va trasferita da un'entità che causa un impatto negativo all'impresa con cui essa ha un rapporto d'affari. A questo proposito, quando un'impresa è direttamente legata a un impatto negativo attraverso un rapporto d'affari, ma non lo causa né vi contribuisce, essa non è responsabile dell'adozione delle misure rimediali, sebbene possa svolgere un ruolo in tal senso, ma deve piuttosto utilizzare la propria influenza per indurre l'entità che causa l'impatto negativo a prevenirlo, a minimizzarlo o a rimediarvi. Se una società non disponesse di una sufficiente capacità di influenza, dovrebbe cercare di svilupparla. Le imprese possono esercitare o rafforzare la loro influenza in vari modi per intervenire con le entità con cui hanno un rapporto d'affari: ad esempio, attraverso la formazione, il supporto e lo sviluppo delle competenze; impegnandosi a incoraggiare tali soggetti a prevenire e/o mitigare gli impatti; definendo le aspettative in termini di condotta responsabile d'impresa e di due diligence, in particolare nei contratti commerciali, come i contratti di gestione, gli obblighi di prequalifica per i potenziali fornitori, i voting trust o gli accordi di licenza e franchising; legando gli incentivi ad una condotta responsabile d'impresa; collaborando con le autorità di regolamentazione e con i funzionari pubblici nell'affrontare le questioni inerenti alla condotta responsabile d'impresa; subordinando il mantenimento di un rapporto d'affari al soddisfacimento delle aspettative in materia di condotta responsabile d'impresa; collaborando con altre imprese (a livello nazionale, settoriale o di rischio) per esercitare la propria influenza in maniera congiunta; o adottando comuni standard di condotta responsabile d'impresa. Altri fattori che possono essere presi in considerazione per determinare la risposta adeguata ai rischi identificati includono la gravità degli impatti negativi e la probabilità che si verifichino nonché il grado di importanza del fornitore per l'impresa.

24. Le *Linee guida* riconoscono che esistono limiti pratici al grado di influenza che le imprese sono o possono essere in grado di esercitare per indurre le entità con le quali hanno un rapporto d'affari a modificare il loro comportamento. Tale limitazione è dovuta alle caratteristiche dei prodotti o servizi, al numero di fornitori e ad altri rapporti d'affari, alla struttura e alla complessità della catena di fornitura o alla natura del rapporto d'affari o dell'impatto negativo in questione. Ad esempio, in alcune situazioni, una volta che i servizi sono stati resi o i prodotti sono stati venduti o rivenduti, la capacità delle imprese di monitorare i loro impatti o di esercitare o rafforzare la loro influenza può essere ridotta. In tal caso, può essere particolarmente importante cercare di determinare i loro impatti reali o potenziali e adottare misure preventive o mitiganti, prima della vendita e all'atto della stessa.

25. Le risposte appropriate in relazione al rapporto d'affari possono essere diverse: si può mantenere il rapporto per tutta la durata delle attività di mitigazione del rischio; lo si può sospendere temporaneamente in costanza di tali attività; ovvero, come misura estrema, si può risolvere il rapporto d'affari una volta falliti i tentativi di mitigazione o quando l'impresa ritenga tale mitigazione non ottenibile, oppure ancora a causa della gravità dell'impatto negativo. Qualora le imprese siano in grado di continuare la relazione e di dar prova di un miglioramento reale o credibile nel tempo, questo approccio è spesso preferibile alla rottura della relazione. Le imprese dovrebbero anche considerare i possibili impatti sociali, ambientali ed economici negativi di una decisione di disimpegno. Qualsiasi impresa che scelga di porre fine al rapporto d'affari dovrebbe procedere in modo responsabile, in particolare impegnandosi quanto prima in consultazioni costruttive con gli stakeholder interessati e, ove possibile, adottando misure ragionevoli e appropriate per prevenire o mitigare gli impatti negativi derivanti da tale decisione.

26. Le imprese possono anche impegnarsi al fianco dei fornitori e delle altre entità con cui hanno rapporti d'affari per migliorare le loro prestazioni, in cooperazione con altri stakeholder, ad esempio tramite formazione del personale ed altre forme di sviluppo di competenze, e per aiutarle ad integrare dei principi di condotta responsabile compatibili con le *Linee guida* nelle loro pratiche imprenditoriali. In questo senso è particolarmente importante coinvolgere e sostenere le piccole e medie imprese con le quali si intrattengono rapporti d'affari. Laddove le entità con le quali intrattengono rapporti d'affari si trovino potenzialmente di fronte a obblighi contrastanti, imposti ad esempio da diversi acquirenti o fornitori, le imprese sono incoraggiate a prendere parte, con le dovute cautele in materia concorrenza, con altre imprese, agli sforzi dispiegati a livello di settore, per coordinare le proprie politiche di due diligence e strategie di gestione del rischio, anche attraverso la condivisione delle informazioni.

27. Le imprese sono inoltre incoraggiate a partecipare ad iniziative private o multi-stakeholder e al dialogo sociale sulla condotta responsabile d'impresa, come le iniziative preconizzate dalla *Decisione del Consiglio dell'OCSE in merito alle Linee guida OCSE destinate alle imprese multinazionali sulla condotta responsabile d'impresa* e dalle Procedure ad esse allegate.

28. Il coinvolgimento significativo degli stakeholder è essenziale per il processo di due diligence. In alcuni casi, questo coinvolgimento può anche costituire un vero e proprio diritto degli stakeholder. Esso si basa su procedure interattive con gli stakeholder rilevanti, ad esempio attraverso riunioni, audizioni o consultazioni. Sono considerati stakeholder rilevanti tutti gli individui o gruppi che vantano, nelle materie trattate dalle *Linee guida*, diritti o interessi che subiscono o potrebbero subire impatti negativi associati alle attività, ai prodotti o ai servizi dell''impresa, nonché i loro legittimi rappresentanti. Le imprese possono dare la priorità al coinvolgimento degli stakeholder che maggiormente subiscono o rischiano di subire tale l'impatto. Il grado di impegno può essere determinato dal livello di gravità dell'impatto sugli stakeholder. Per essere significativo, il coinvolgimento degli stakeholder deve essere continuativo, bidirezionale, realizzato in buona fede da ambo le parti e pronto a rispondere al punto di vista degli stakeholder. Per garantire che il coinvolgimento sia significativo ed efficace, occorre assicurarsi che esso sia reattivo, accessibile, adeguato e sicuro per gli stakeholder, ma anche che siano identificati e rimossi eventuali ostacoli alla partecipazione degli stakeholder in situazioni di vulnerabilità o emarginazione. La Guida dell'OCSE sulla due diligence per una condotta responsabile d'impresa e le guide settoriali dell'OCSE in materia forniscono alle imprese un supporto pratico nel coinvolgimento degli stakeholder, anche come parte del loro processo di due diligence. Tale coinvolgimento è particolarmente importante quando si tratta della pianificazione e dell'adozione di decisioni relative a progetti o altre attività che comportino, ad esempio, un uso intensivo del suolo o dell'acqua e che possono colpire in maniera significativa le comunità locali.

29. Infine, è importante rimarcare che le iniziative di autoregolamentazione e le altre dello stesso genere, comprese le *Linee guida*, non dovrebbero limitare illegalmente la concorrenza, né essere considerate sostitutive di un'efficace legislazione o regolamentazione pubblica. È chiaro che le imprese multinazionali dovrebbero evitare qualsiasi effetto distorsivo del commercio e degli investimenti che potrebbe derivare dai codici o dalle pratiche di autoregolamentazione, nella fase della loro elaborazione.

III. Divulgazione di informazioni

1. Le imprese dovrebbero tenere conto delle politiche di divulgazione stabilite nei paesi e nei settori in cui operano e prendere in considerazione i punti di vista e le esigenze informative degli azionisti e di altri stakeholder interessati. Esse dovrebbero divulgare informazioni regolari, tempestive, affidabili, chiare, complete, accurate e comparabili in modo sufficientemente dettagliato su tutte le questioni materiali. Queste informazioni dovrebbero essere divulgate per l'impresa nel suo complesso e, se del caso, per rami d'attività o aree geografiche. Le politiche di divulgazione delle imprese dovrebbero essere adattate alla natura, alle dimensioni e all'ubicazione dell'impresa, tenendo in debita considerazione i costi, la riservatezza aziendale e altri problemi inerenti alla concorrenza.

2. Le politiche di divulgazione delle imprese dovrebbero includere, ma non essere limitate a, informazioni materiali in merito a:

a) i loro risultati operativi e finanziari;

b) gli obiettivi aziendali e le informazioni relative alla sostenibilità;

c) la strutturazione del capitale, la struttura di gruppo e le forme di controllo;

d) le principali partecipazioni azionarie, inclusi i titolari effettivi, e i dettagli sul diritto di voto;

e) le informazioni sulla composizione del consiglio d'amministrazione e sui suoi membri, comprese le loro qualifiche, il processo di selezione, gli incarichi direttivi presso altre imprese ed il fatto di essere considerati indipendenti dal consiglio d'amministrazione;

f) la remunerazione dei membri del consiglio d'amministrazione e dei principali dirigenti;

g) le operazioni con le parti correlate;

h) i fattori di rischio prevedibili;

i) le strutture e le politiche di governance, compreso il grado di conformità ai codici e alle politiche nazionali in materia di governance e il processo mediante il quale vengono attuati;

j) i contratti di debito, incluso il rischio di mancato rispetto degli impegni.

3. È inoltre importante che le imprese comunichino informazioni sulla condotta responsabile d'impresa, anche nell'ambito della loro responsabilità di svolgere la dovuta diligenza. Alcune di queste informazioni possono anche essere materiali ai sensi del paragrafo 2. Le informazioni sulla condotta responsabile d'impresa possono includere:

a) dichiarazioni destinate al pubblico in merito ai valori o al comportamento, ivi inclusa la condotta responsabile d'impresa, che articolino gli impegni dell'impresa nei confronti dei principi e degli standard contenuti nelle *Linee guida* e i suoi piani per mettere in atto la due diligence;

b) politiche e altri codici di condotta a cui l'impresa aderisce, la loro data di adozione, nonché i paesi e le entità in cui vengono applicati;

c) informazioni sulle misure adottate per integrare le politiche di condotta responsabile d'impresa all'interno degli organi di gestione e controllo dell'impresa;

d) le aree di impatto o di rischio significativo identificate dall'impresa, gli impatti negativi o i rischi identificati, ordinati secondo le priorità e valutati, nonché i criteri alla base di tale ordine di priorità;

e) le sue prestazioni in relazione alle dichiarazioni di cui al paragrafo 3(a) e ai codici di cui al paragrafo 3(b), comprese le azioni intraprese per prevenire o mitigare i rischi o gli impatti individuati nel paragrafo 3(c) e 3(d) e, ove possibile, la tempistica stimata per il miglioramento, i parametri di riferimento ed i risultati, nonché le azioni rimediali che l'impresa ha messo in campo o cui ha partecipato;

f) informazioni sui sistemi di controllo interno, di gestione dei rischi e di conformità alle norme giuridiche;

g) informazioni sui rapporti con i lavoratori e gli altri stakeholder;

h) informazioni aggiuntive in linea con le raccomandazioni sulla divulgazione delle informazioni in relazione alla condotta responsabile d'impresa fornite nei capitoli IV e VI.

4. Le imprese dovrebbero preparare e divulgare le informazioni in conformità con gli standard contabili e di divulgazione riconosciuti a livello internazionale ed evitare di pubblicare informazioni insufficienti o poco chiare. Un audit esterno dovrebbe essere condotto annualmente da un revisore indipendente, competente e qualificato, secondo gli standard in materia di audit, etica e indipendenza riconosciuti a livello internazionale, al fine di fornire una ragionevole garanzia al consiglio di amministrazione e agli azionisti che il bilancio sia redatto, sotto tutti gli aspetti materiali, in conformità con un quadro di rendicontazione finanziaria applicabile. Al fine di rafforzare la credibilità delle informazioni sulla condotta responsabile d'impresa, le imprese possono ricorrere ad una certificazione esterna di tali informazioni.

Commenti al Capitolo III: divulgazione di informazioni

30. L'obiettivo di questo capitolo è quello di contribuire a creare trasparenza e responsabilità intorno alle attività delle imprese multinazionali. Un'informazione chiara ed esauriente sulle imprese è di notevole importanza per un gran numero di utenti, dagli azionisti ai potenziali investitori, dalla comunità finanziaria fino ai lavoratori, alle comunità locali, ai gruppi con interessi specifici, ai governi e alla società nel suo insieme. Per migliorare la comprensione da parte del pubblico della struttura e delle attività delle imprese, delle loro politiche aziendali e delle loro prestazioni rispetto alle questioni ambientali, sociali e di governance, le imprese dovrebbero essere trasparenti nelle loro attività e rispondere alle richieste di informazioni sempre più sofisticate da parte del pubblico.

31. La prima serie di raccomandazioni sulla divulgazione ricalca fedelmente gli elementi informativi delineati nei *Principi di governo societario G20/OCSE [OECD/LEGAL/0413]*. Le relative annotazioni forniscono ulteriori indicazioni e le raccomandazioni delle *Linee guida* dovrebbero essere interpretate in relazione ad esse. La prima serie di raccomandazioni sulla divulgazione si concentra principalmente sulle società quotate in borsa e su tutte le questioni materiali riguardanti l'impresa. Le informazioni materiali possono essere definite come quelle informazioni la cui omissione o falsificazione può ragionevolmente influenzare la stima del valore di un'impresa da parte di un investitore. Si tratta, in genere, del valore, della tempistica e del grado di certezza dei flussi di cassa futuri di un'impresa. Le informazioni materiali possono anche essere definite come informazioni che ragionevolmente un investitore considererebbe importanti per prendere una decisione d'investimento o di voto. Nella misura in cui, alla luce della natura, delle dimensioni e dell'ubicazione delle imprese queste raccomandazioni sulla divulgazione sono ritenute applicabili, esse possono anche rappresentare uno strumento utile a migliorare il governo societario nelle imprese non quotate; ad esempio, nelle imprese private o statali. Questa serie di raccomandazioni sulla divulgazione richiede informazioni regolari, tempestive, affidabili, chiare, complete, accurate e comparabili, sufficientemente dettagliate in merito a tutte le questioni materiali riguardanti l'impresa, comprese la

situazione finanziaria, le prestazioni, la sostenibilità, la proprietà e la governance. Anche le informazioni sulla remunerazione del consiglio di amministrazione e dei dirigenti sono fonte di preoccupazione per gli azionisti, compreso il legame tra la remunerazione e le prestazioni, la sostenibilità e la resilienza a lungo termine dell'impresa. Le imprese sono inoltre tenute a divulgare informazioni tempestive, comprese le modifiche sostanziali alle politiche retributive applicate ai membri del consiglio di amministrazione e ai dirigenti con responsabilità strategiche, nonché i livelli o gli importi retributivi su base standardizzata e comparabile, in modo che gli investitori possano valutare i costi e i benefici dei piani retributivi e il contributo alle performance dei piani di incentivazione, quali i piani di stock option. Ulteriori informazioni materiali che dovrebbero essere divulgate sono rappresentate dalle operazioni significative con parti correlate e dai fattori di rischio prevedibili.

32. Le *Linee guida* includono una seconda serie di raccomandazioni sulla divulgazione in merito alla condotta responsabile d'impresa, che ricomprende informazioni sugli impatti effettivi o potenziali dell'impresa sulle persone, sull'ambiente e sulla società, nonché i relativi processi di due diligence; si tratta di informazioni che possono essere materiali per il processo decisionale di un investitore e anche per un ventaglio più ampio di stakeholder, tra cui lavoratori, rappresentanti dei lavoratori, comunità locali e società civile. Nel contesto della divulgazione di informazioni, i processi di due diligence, delineati nel paragrafo 3, possono essere un mezzo utile nelle mani delle imprese per garantire che esse stanno effettivamente identificando e comunicando le informazioni materiali sulla condotta responsabile d'impresa in modo coerente e credibile. In questo modo la due diligence può supportare le imprese nell'identificare i rischi e gli impatti materiali e rafforzare la pertinenza, la qualità e la comparabilità delle informazioni ai sensi dei paragrafi 2 e 3. Inoltre, i processi di due diligence possono essere un mezzo per garantire una rendicontazione credibile rispetto agli obiettivi e agli impegni dell'impresa per i quali potrebbero non esistere target chiaramente identificabili o misurabili. In diversi Paesi viene consentito o richiesto di prendere in considerazione gli interessi degli stakeholder e molte imprese forniscono informazioni che vanno oltre le prestazioni finanziarie, attraverso le quali possono dimostrare, più in generale, il proprio impegno verso pratiche imprenditoriali responsabili e le proprie prestazioni in merito. Questo secondo tipo di informazioni – o di comunicazione con il pubblico e con altri soggetti direttamente interessati dalle attività o dai rapporti d'affari dell'impresa – può riguardare entità ulteriori rispetto a quelle coperte dalla contabilità finanziaria dell'impresa. Ad esempio, può riguardare anche informazioni sulle attività di subappaltatori, fornitori, partner di joint venture o di altri soggetti con i quali l'impresa ha un rapporto d'affari.

33. Le due serie di raccomandazioni di cui al paragrafo 2 e al paragrafo 3 sono correlate e alcune informazioni possono essere rilevanti per entrambe. Al fine di determinare quali informazioni debbano essere divulgate ai sensi del paragrafo 2, le *Linee guida* utilizzano il concetto di materialità. Le informazioni di cui al paragrafo 2, incluse quelle relative alla condotta responsabile d'impresa e alla due diligence, possono anche essere considerate materiali se la loro omissione o inesatta divulgazione potrebbe ragionevolmente influenzare la valutazione di un investitore in merito al valore di un'impresa, alla tempistica e alla certezza dei flussi finanziari futuri della stessa, ovvero le sue decisioni di investimento o di voto. La determinazione di quali informazioni siano materiali può variare nel tempo e in base al contesto locale, alle circostanze specifiche in cui l'impresa si trova ed ai requisiti giurisdizionali. Coloro che si servono delle informazioni finanziarie e coloro che partecipano al mercato hanno bisogno di informazioni sui rischi materiali ragionevolmente prevedibili, come possono essere, tra gli altri, i rischi specifici del settore o delle aree geografiche in cui opera l'impresa; la dipendenza dalle materie prime e dalle catene di fornitura; i rischi del mercato finanziario, incluso il tasso di interesse o il rischio valutario; i rischi connessi a derivati e ad operazioni fuori bilancio; i rischi legati alla condotta d'impresa; i rischi riguardanti la sicurezza digitale; i rischi di non conformità; i rischi relativi alla sostenibilità, in particolare quelli legati al clima. Alcuni paesi possono parimenti richiedere o raccomandare la divulgazione su aspetti della sostenibilità essenziali per la forza lavoro o per i principali stakeholder di un'impresa o per l'influenza di quest'ultima sui rischi non diversificabili.

34. In relazione alle informazioni divulgate ai sensi del paragrafo 3, i rischi e gli impatti apparentemente privi di materialità finanziaria, ma rilevanti per le persone e per il pianeta potrebbero, in talune circostanze, rivelarsi finanziariamente materiali per un'impresa.

35. Le raccomandazioni sulla divulgazione contenute in questo capitolo e in tutte le *Linee guida* non dovrebbero imporre oneri amministrativi o di costo irragionevoli alle imprese. Né ci si dovrebbe aspettare che le imprese divulghino informazioni che potrebbero mettere in pericolo la loro posizione concorrenziale, a meno che la divulgazione non sia necessaria per consentire agli investitori decisioni pienamente informate e per non indurli in errore.

36. Le informazioni dovrebbero essere preparate e divulgate in conformità con gli standard contabili e di divulgazione riconosciuti a livello internazionale. Un audit esterno dovrebbe essere effettuato annualmente da un revisore indipendente, competente e qualificato, in conformità agli standard di audit, di etica e di indipendenza riconosciuti a livello internazionale, al fine di fornire una ragionevole garanzia che le dichiarazioni finanziarie siano redatte, sotto ogni profilo materiale, in conformità ad un quadro di riferimento applicabile.

37. Molte imprese hanno adottato misure volte a sostenere il proprio adeguamento alla legge e ad alcuni standard di condotta imprenditoriale, nonché a migliorare la trasparenza delle proprie attività. Un numero crescente di imprese ha adottato codici volontari di comportamento, traducendo in essi la volontà di rispettare standard internazionali o valori etici in settori quali l'ambiente (e, con esso, il cambiamento climatico e la biodiversità), i diritti umani, la normativa sul lavoro, la tutela dei consumatori o la fiscalità. Per aiutarle a rispettare tali impegni, sono stati sviluppati o sono in fase di elaborazione specifici sistemi di gestione: essi implicano sistemi di informazione, procedure operative e requisiti in materia di formazione.

38. Le imprese possono essere tenute a riferire in base a standard di divulgazione più ampi imposti dalle autorità di regolamentazione o di quotazione e, ove coerente con i requisiti legali e di divulgazione di una giurisdizione, dovrebbero cercare di adottare e allinearsi alle migliori pratiche emergenti a livello globale e agli standard di divulgazione in evoluzione, ad esempio sul clima e sulle emissioni. Le imprese stanno cooperando con le ONG e le organizzazioni intergovernative nella messa a punto di modelli di rendicontazione che ne accrescano la capacità di comunicare gli effetti delle loro attività in settori riferibili allo sviluppo sostenibile.

39. Le imprese sono incoraggiate a comunicare in modo proattivo informazioni rilevanti sulla condotta responsabile d'impresa, a fornire informazioni di facile accesso ed utilizzo, tempestive, accurate, chiare e complete, a garantire un accesso economico alle informazioni pubblicate e a prendere in considerazione l'uso delle tecnologie dell'informazione per raggiungere questo obiettivo. Le informazioni messe a disposizione degli utenti nei mercati nazionali dovrebbero essere disponibili anche a tutti gli utenti interessati tenendo conto delle considerazioni sull'accessibilità. Le imprese dovrebbero cercare di garantire che le informazioni siano presentate in maniera adeguata alle diverse tipologie di destinatari e possono adottare misure speciali per rendere le informazioni disponibili alle comunità che non hanno accesso alla carta stampata o ai media online (ad esempio, comunità remote o povere che sono direttamente interessate dalle attività dell'impresa).

40. La revisione delle informazioni sulla condotta responsabile d'impresa da parte di un'entità indipendente, competente e qualificata in conformità agli gli standard di garanzia riconosciuti a livello internazionale può comprovare e rafforzare la fiducia nelle informazioni divulgate e contribuire ad una rendicontazione di qualità superiore e più comparabile.

IV. Diritti umani

Gli Stati hanno il dovere di tutelare i diritti umani. Nel quadro dei diritti umani internazionalmente riconosciuti, degli obblighi internazionali in materia dei paesi in cui operano, nonché delle leggi e dei regolamenti nazionali in merito, le imprese dovrebbero:

1. Rispettare i diritti umani, il che significa evitare di violare i diritti umani di altri ed affrontare gli impatti negativi sui diritti umani in cui esse siano coinvolte.
2. Nel contesto delle proprie attività, evitare di avere un qualsiasi impatto negativo sui diritti umani o di contribuirvi e affrontare tale impatto quando si verifica.
3. Cercare di prevenire o mitigare gli impatti negativi sui diritti umani direttamente legati, per via di un rapporto d'affari, alle loro attività, ai loro prodotti o ai loro servizi, anche se esse non contribuiscono a tali impatti.
4. Adottare e rendere pubblica una politica che le impegni al rispetto dei diritti umani.
5. Mettere in atto una due diligence in materia di diritti umani, in misura adeguata alla dimensione, alla natura e al contesto delle attività nonché alla gravità del rischio di impatti negativi sui diritti umani.
6. Provvedere o cooperare attraverso meccanismi legittimi volti a porre rimedio agli impatti negativi sui diritti umani, quando appurano di esserne state la causa o di avervi contribuito.

Commenti al Capitolo IV: Diritti umani

41. Questo capitolo si apre con una premessa che definisce il quadro in cui si iscrivono le raccomandazioni specifiche concernenti il rispetto dei diritti umani da parte delle imprese. Esso si basa sul rapporto delle Nazioni Unite "Proteggere, rispettare e rimediare: un quadro per le imprese e i diritti umani" ed è in linea con i Principi guida su impresa e diritti umani per la sua attuazione, nonché con la Dichiarazione tripartita di principi sulle imprese multinazionali e la politica sociale dell'Organizzazione internazionale del lavoro (OIL).

42. La premessa e il primo paragrafo riconoscono che gli Stati hanno il dovere di tutelare i diritti umani e che le imprese, indipendentemente dalle loro dimensioni, dal settore, dal contesto operativo, dall'assetto proprietario e dalla struttura, dovrebbero rispettare i diritti umani ovunque si trovino ad operare. Il rispetto dei diritti umani è una norma di comportamento universale che le imprese sono tenute ad osservare indipendentemente dalle capacità e/o dalla volontà degli stati di adempiere ai propri obblighi in merito e non attenua tali obblighi.

43. Il fatto che uno Stato non faccia rispettare le leggi nazionali pertinenti o non attui gli obblighi internazionali concernenti i diritti umani, oppure il fatto che uno Stato possa agire in modo contrario a tali leggi od obblighi internazionali, nulla toglie alla responsabilità delle imprese di rispettare i diritti umani. Nei paesi dove le leggi e i regolamenti nazionali sono in conflitto con i diritti umani internazionalmente riconosciuti, le imprese devono trovare il modo di onorare il più possibile tali impegni senza violare la legge nazionale, in coerenza con il paragrafo 2 del capitolo sui concetti e principi.

44. In ogni caso e qualunque sia il paese o il contesto specifico delle attività delle imprese, occorre come minimo fare riferimento ai diritti umani riconosciuti internazionalmente, così come espressi nella carta internazionale dei diritti dell'uomo, che consiste nella Dichiarazione universale dei diritti dell'uomo e negli strumenti principali che la codificano, ovvero il Patto internazionale sui diritti civili e politici e il Patto internazionale sui diritti economici, sociali e culturali, e ai principi riguardanti i diritti fondamentali stabiliti nella Dichiarazione sui principi e diritti fondamentali nel lavoro dell'Organizzazione internazionale del lavoro.

45. Le imprese possono avere un impatto sull'intero spettro dei diritti umani riconosciuti internazionalmente. Nella pratica, alcuni diritti umani possono essere più di altri esposti al rischio di impatti negativi in particolari settori o contesti e devono quindi essere oggetto di maggiore attenzione. Tuttavia, le situazioni sono in continuo cambiamento, per cui tutti i diritti dovrebbero essere sottoposti a revisione periodica. A seconda delle circostanze, le imprese potrebbero dover prendere in considerazione l'adozione di standard supplementari. Ad esempio, le imprese dovrebbero rispettare i diritti umani degli individui appartenenti a gruppi specifici o a popolazioni meritevoli di attenzione particolare, se su tali diritti umani fosse alto il rischio di impatto negativo. Le imprese dovrebbero prestare particolare attenzione ad ogni impatto negativo sugli individui - come ad esempio i difensori dei diritti umani - che possono essere esposti a un rischio maggiore dovuto ad emarginazione, vulnerabilità o altre circostanze, individualmente o come membri di uno specifico gruppo o popolazione, comprese le popolazioni indigene. Le guide dell'OCSE sulla due diligence, tra cui la Guida sulla due diligence per la condotta responsabile d'impresa, la Guida dell'OCSE per un significativo coinvolgimento degli stakeholder nel settore estrattivo e la Guida OCSE-FAO per catene di fornitura responsabili nel settore agricolo contengono ulteriori indicazioni pratiche al riguardo, anche in relazione al consenso libero, preventivo e informato (FPIC). Le Nazioni Unite hanno meglio definito i diritti dei popoli indigeni (Dichiarazione delle Nazioni Unite sui diritti dei popoli indigeni), delle persone appartenenti a minoranze nazionali o etniche, religiose e linguistiche, ma anche di donne, bambini, persone con disabilità e lavoratori migranti e rispettive famiglie. Inoltre, in situazioni di conflitto armato, le imprese dovrebbero rispettare gli standard del diritto internazionale umanitario. In un contesto di conflitto armato o di intensificazione del rischio di abusi gravi, le imprese dovrebbero esercitare una due diligence rafforzata in relazione agli impatti negativi, e in particolare alle violazioni del diritto umanitario internazionale.

46. Nel paragrafo 1, affrontare gli impatti negativi effettivi e potenziali sui diritti umani significa adottare misure adeguate a identificare, prevenire ove possibile e mitigare gli impatti potenziali, rimediare a quelli effettivi e rendere conto di come tali impatti negativi sui diritti umani vengono affrontati. Il termine "violare" si riferisce agli impatti negativi che un'impresa può avere sui diritti umani degli individui.

47. Il paragrafo 2 raccomanda che le imprese evitino di provocare o di contribuire ad un qualsiasi impatto negativo sui diritti umani tramite le proprie attività e lo affrontino quando si verifica. Le "attività" possono includere sia azioni sia omissioni. Un'impresa che provochi o possa provocare un impatto negativo sui diritti umani dovrebbe intraprendere i passi necessari per fermare o prevenire tale impatto. Un'impresa che contribuisca o possa contribuire a tale impatto dovrebbe intraprendere i passi necessari per fermare o prevenire tale contributo e usare la propria influenza per mitigare quanto più possibile l'impatto residuo. L'influenza di cui sopra è considerata sussistere se l'impresa è in grado di modificare le pratiche di un'entità che causino impatti negativi sui diritti umani.

48. Il paragrafo 3 tratta situazioni più complesse, in cui un'impresa non ha contribuito a un impatto negativo sui diritti umani, ma tale impatto è comunque direttamente legato ad attività, prodotti o servizi dell'impresa a causa del rapporto d'affari con un'altra entità. Il paragrafo 3 non intende trasferire la responsabilità dall'entità che determina l'impatto negativo sui diritti umani all'impresa con cui essa ha rapporti d'affari. Soddisfare quanto prescritto dal paragrafo 3 implica che un'impresa, agendo da sola o in cooperazione con altre entità, a seconda del caso, usi e, se necessario, rafforzi la propria influenza per indurre l'entità che determina l'impatto negativo sui diritti umani a prevenire o mitigare tale impatto. I "rapporti d'affari" includono i rapporti con i partner commerciali, i rapporti con le entità della propria catena

di fornitura e con qualunque altra entità statale o non statale direttamente legata alle proprie attività imprenditoriali, ai propri prodotti o ai propri servizi. Tra i fattori da considerare nella determinazione dell'azione adeguata in questi casi, vi sono l'influenza dell'impresa nei confronti dell'entità in questione, l'importanza del rapporto per l'impresa, la gravità dell'impatto e la possibilità che la risoluzione del rapporto con l'entità comporti, di per sé, impatti negativi sui diritti umani.

49. Il paragrafo 4 raccomanda alle imprese di esprimere il proprio impegno a rispettare i diritti umani tramite una dichiarazione di intenti, resa pubblicamente disponibile, che: *(i)* sia approvata ai massimi livelli dell'impresa; *(ii)* sia elaborata da esperti interni e/o esterni in materia; *(iii)* definisca le aspettative nei confronti dell'impresa del personale, dei partner commerciali, e delle altre parti direttamente legate alle attività, ai prodotti o ai servizi dell'impresa stessa in merito ai diritti umani; *(iv)* sia divulgata all'interno e all'esterno a tutto il personale, a tutte le imprese associate e alle altre parti coinvolte; *(v)* si traduca in politiche e procedure operative tali da essere integrate in tutta l'impresa.

50. Il paragrafo 5 raccomanda alle imprese di mettere in atto la due diligence in materia di diritti umani. Il processo implica che si valuti l'impatto effettivo e potenziale sui diritti umani, che si integrino i risultati e si agisca di conseguenza, che si attui il monitoraggio delle risposte e che si facciano conoscere le misure adottate per affrontare tale impatto. La due diligence sui diritti umani può essere integrata nei sistemi generali di gestione del rischio d'impresa, purché non si limiti semplicemente all'identificazione e gestione dei rischi rilevanti per l'impresa stessa, ma si estenda ai rischi cui sono esposti i titolari dei diritti. Si tratta di un processo continuo, poiché i rischi per i diritti umani possono cambiare nel tempo con l'evolvere delle attività e del contesto operativo dell'impresa. I paragrafi da A.11 ad A.13 del capitolo sui Principi generali e relativi commenti forniscono indicazioni complementari sulla due diligence, anche in relazione alla catena di fornitura, e risposte appropriate ai rischi originati nella catena di fornitura stessa. Ulteriori *Linee guida* sono state sviluppate anche per settori particolari e in risposta a rischi specifici, ma anche a livello intersettoriale attraverso la Guida dell'OCSE sulla due diligence per una condotta responsabile d'impresa. Per esercitare la due diligence in materia di diritti umani, può essere necessario prendere in considerazione rischi distinti e interconnessi, compresi quelli relativi a caratteristiche individuali o di gruppi vulnerabili o emarginati. Al riguardo, il coinvolgimento significativo degli stakeholder è particolarmente importante e può essere utile esplorare le modalità per ottimizzare i risultati di sviluppo sostenibile per questi gruppi specifici.

51. Alle imprese che, mediante il processo di due diligence sui diritti umani o con altri mezzi, appurano di aver causato o contribuito a causare un impatto negativo sui diritti umani, le *Linee guida* raccomandano di provvedere o cooperare all'adozione delle misure rimediali, attraverso procedure legittime. Le imprese dovrebbero istituire o partecipare a meccanismi che rendano possibile l'adozione di misure rimediali. Alcune situazioni richiedono di cooperare con i meccanismi giudiziari o non giudiziari statali. In altri casi, meccanismi di reclamo aziendali a disposizione delle persone suscettibili di essere colpite dalle attività dell'impresa possono costituire un mezzo efficace per mettere in atto tali procedure, purché soddisfino i criteri di legittimità, accessibilità, prevedibilità, equità, compatibilità con le *Linee guida*, trasparenza, siano fonti di apprendimento continuo e si basino sul dialogo e sulla volontà di trovare soluzioni concordate. Tali meccanismi possono essere gestiti dall'impresa in autonomia, oppure in collaborazione con altri stakeholder, e possono costituire una fonte di apprendimento continuo. I meccanismi di reclamo aziendali non dovrebbero essere usati per minare il ruolo dei sindacati nel trattamento delle controversie di lavoro, né dovrebbero precludere l'accesso ad altri meccanismi, giudiziari e non, per la composizione delle controversie, compresi i punti di contatto nazionale previsti dalle *Linee guida*.

V. Occupazione e relazioni industriali

Nel quadro delle leggi e dei regolamenti applicabili, delle pratiche in vigore in materia di impiego e di rapporti di lavoro, nonché degli standard internazionali applicabili in materia lavoristica, evitando qualsiasi rapporto o pratica lavoristica illegale, ed in linea con le aspettative di due diligence descritte nei capitoli II e IV, le imprese dovrebbero:

1.

a) Rispettare il diritto dei lavoratori di costituire sindacati e organizzazioni di rappresentanza di propria scelta o di aderirvi, anche evitando di interferire con la scelta dei lavoratori di costituire o aderire ad un sindacato o ad un'organizzazione di rappresentanza di loro scelta.

b) Rispettare il diritto dei lavoratori di farsi rappresentare da sindacati e da altre organizzazioni rappresentative di propria scelta riconosciuti ai fini della contrattazione collettiva e avviare, sia individualmente sia tramite le associazioni dei datori di lavoro, negoziati costruttivi con tali rappresentanti allo scopo di concludere accordi sui termini e sulle condizioni d'impiego.

c) Contribuire all'effettiva abolizione del lavoro minorile e adottare misure immediate ed efficaci per garantire, con urgenza, l'eliminazione delle peggiori forme di lavoro minorile.

d) Contribuire all'eliminazione di tutte le forme di lavoro forzato o obbligatorio e adottare misure immediate ed efficaci volte all'eliminazione del lavoro forzato o obbligatorio.

e) Ispirarsi, in tutte le loro attività, al principio di pari opportunità e di parità di trattamento sul lavoro e non praticare la discriminazione nei confronti dei propri lavoratori in materia di impiego o professione, per motivi di razza, colore, età, sesso, religione, opinione politica, cittadinanza, estrazione sociale, disabilità o qualunque altra circostanza, salvo che la selettività relativa alle caratteristiche dei lavoratori non favorisca le politiche messe in atto dalle pubbliche autorità al fine specifico di accrescere le pari opportunità in tema di occupazione, ovvero corrisponda alle caratteristiche intrinseche di un posto di lavoro.

f) Garantire un ambiente di lavoro sicuro e salubre, come previsto dalla Dichiarazione dell'OIL sui principi e diritti fondamentali del lavoro.

2.

a) Fornire ai rappresentanti dei lavoratori i mezzi necessari a sostenere la definizione di accordi collettivi efficaci.

b) Fornire tempestivamente ai rappresentanti dei lavoratori le informazioni necessarie ai fini di una significativa trattativa sulle condizioni di impiego.

c) Fornire ai lavoratori ed ai loro rappresentanti le informazioni che consentano loro di farsi un'opinione esatta e corretta dei risultati dell'entità o se del caso, dell'impresa nella sua globalità.

3. Promuovere, attraverso processi, strutture e meccanismi legittimi la consultazione e la cooperazione fra i datori di lavoro e i lavoratori e i loro rappresentanti su questioni di interesse reciproco.

4.

a) Rispettare nelle loro attività gli standard in materia di occupazione, accordi contrattuali e relazioni industriali.

b) Quando le imprese multinazionali operano in altri paesi, i salari, i benefici e le condizioni di lavoro offerti ai lavoratori durante le loro attività non dovrebbero essere meno favorevoli di quelli offerti da datori di lavoro comparabili nel paese ospitante. Laddove non esistano datori di lavoro comparabili, le imprese dovrebbero fornire i migliori salari, benefici e condizioni di lavoro possibili nel quadro delle politiche governative e degli standard internazionali applicabili. Questi dovrebbero essere rapportati alla posizione economica dell'impresa, ma adeguati a soddisfare almeno i bisogni primari dei lavoratori e delle loro famiglie.

c) Mantenere i più elevati standard di tutela della salute e di sicurezza sul lavoro.

5. Nelle loro attività, nella misura più ampia possibile, assumere personale locale e curarne la formazione, allo scopo di migliorare i livelli di competenza, in collaborazione con i rappresentanti dei lavoratori e, se del caso, con le competenti autorità pubbliche.

6. Qualora prevedessero di introdurre nelle loro attività dei cambiamenti capaci di notevoli ripercussioni sull'occupazione, ed in particolare nel caso di chiusura di un'unità con conseguenti messa in mobilità o licenziamenti collettivi, le imprese dovrebbero darne ragionevole preavviso ai rappresentanti dei lavoratori interessati, alle loro organizzazioni e, se del caso, alle autorità pubbliche competenti e cooperare con esse per attenuare il più possibile gli effetti negativi di tali cambiamenti. Tenendo conto delle specifiche circostanze di ciascun caso, sarebbe auspicabile che la direzione informasse gli interessati prima di assumere la decisione finale. Anche altri mezzi potrebbero essere impiegati per instaurare una cooperazione costruttiva volta ad attenuare gli effetti di tali decisioni.

7. Nel contesto di trattative svolte in buona fede con i rappresentanti dei lavoratori sulle condizioni di impiego, o laddove i lavoratori esercitassero il loro diritto di organizzazione, non minacciare di trasferire fuori dal paese in questione, in tutto o in parte, un'unità produttiva, né di trasferire in altri paesi i lavoratori dell'unità dell'impresa al fine di influenzare slealmente tali trattative od ostacolare l'esercizio del diritto di organizzarsi e di ricorrere alla contrattazione collettiva.

8. Consentire ai rappresentanti autorizzati dei lavoratori di condurre trattative sulle questioni relative ai contratti collettivi o alle relazioni sindacali e permettere alle parti di consultarsi su temi d'interesse comune con i rappresentanti dell'amministrazione autorizzati a prendere decisioni su tali argomenti.

Commenti al Capitolo V: Occupazione e relazioni industriali

52. Questo capitolo si apre con una premessa che fa riferimento alle leggi e ai regolamenti "applicabili", per tenere conto dal fatto che le imprese multinazionali, quando operano nel territorio di alcuni paesi, in materia di occupazione e di relazioni industriali, possono essere soggette a standard di livello nazionale ed internazionale. L'espressione "pratiche in vigore in materia di impiego e di rapporti di lavoro" è sufficientemente ampia da consentire interpretazioni diverse in funzione delle condizioni proprie di ciascun paese, ad esempio per quanto riguarda le differenti possibilità di contrattazione previste per i lavoratori dalle rispettive legislazioni nazionali.

53. L'Organizzazione internazionale del Lavoro (OIL) è l'organismo competente a stabilire e trattare gli standard internazionali del lavoro e a promuovere i diritti fondamentali del lavoro, come riconosciuto nella sua Dichiarazione sui principi e i diritti fondamentali nel lavoro. Le *Linee guida*, come strumento non vincolante, hanno un ruolo da giocare nel promuovere l'osservanza di tali standard e principi da parte delle imprese multinazionali. Le *Linee guida* riflettono le disposizioni pertinenti della Dichiarazione nonché della Dichiarazione tripartita di principi sulle imprese multinazionali e la politica sociale dell''OIL. Tale Dichiarazione tripartita fissa i principi in materia di occupazione, formazione, condizioni di lavoro e relazioni industriali, mentre le *Linee guida* coprono tutti i principali aspetti del comportamento delle imprese. Le *Linee guida* e la Dichiarazione tripartita dell''OIL si riferiscono al comportamento atteso dalle imprese e sono destinate a operare in parallelo e non in contrapposizione. La Dichiarazione tripartita dell'OIL, quindi,

in virtù della sua maggiore articolazione, può essere un utile strumento per la comprensione delle *Linee guida*. In ogni caso, le responsabilità relative alle procedure che danno seguito alla Dichiarazione tripartita ed alle *Linee guida* sono istituzionalmente separate.

54. La terminologia utilizzata nel capitolo V è coerente con quella utilizzata nella Dichiarazione Tripartita dell'OIL. Si riconosce che, in assenza di un rapporto di lavoro, le imprese dovrebbero comunque agire secondo le raccomandazioni in materia di due diligence basata sul rischio e di catena di fornitura di cui ai paragrafi da A.11 ad A.14 del capitolo II sui Principi generali. Ciò è particolarmente rilevante nei settori in cui l'informalità, gli accordi di lavoro a breve termine, le carenze rispetto al lavoro dignitoso e la trasformazione digitale possono essere più diffusi.

55. Le presenti raccomandazioni non interferiscono con i rapporti civili e commerciali propriamente detti, ma cercano piuttosto di garantire che gli individui siano tutelati nel rapporto di lavoro nella misura che loro spetta a norma delle *Linee guida*.

56. Il paragrafo 1 di questo capitolo fa riferimento a tutti i principi e diritti fondamentali sul lavoro enunciati nella Dichiarazione dell'OIL sui principi e diritti fondamentali del lavoro, vale a dire: la libertà di associazione e il diritto alla contrattazione collettiva, l'abolizione effettiva del lavoro minorile, l'eliminazione di ogni forma di lavoro forzato o obbligatorio, la non-discriminazione in materia di impiego o professione e la promozione di un ambiente sicuro e salubre. Tali principi e diritti hanno assunto la forma di specifici diritti e obblighi nelle convenzioni dell'OIL riconosciute come fondamentali.

57. Il paragrafo 1c) raccomanda che le imprese multinazionali contribuiscano all'effettiva abolizione del lavoro minorile ai sensi della Dichiarazione dell'OIL sui principi e diritti fondamentali del lavoro. Strumenti meno recenti dell'OIL sul lavoro minorile sono costituiti dalla Convenzione 138 e dalla Raccomandazione 146 (entrambe adottate nel 1973), che riguardano l'età minima di accesso al lavoro, e dalla Convenzione 182 e la Raccomandazione 190 dell'OIL sulle forme peggiori di lavoro minorile. Con le loro politiche di gestione del personale, mediante la creazione di lavoro dignitoso qualificato e ben retribuito e grazie al contributo che esse danno alla crescita economica, le imprese multinazionali possono svolgere un ruolo positivo nell'eliminazione delle cause all'origine della povertà, in generale, e del lavoro minorile, in particolare. È importante riconoscere e incoraggiare il ruolo che le imprese multinazionali possono svolgere nel contribuire alla ricerca di una soluzione duratura al problema del lavoro minorile. A questo proposito, un'attenzione particolare deve essere dedicata al miglioramento del livello di istruzione dei bambini che vivono nei paesi ospitanti.

58. Il paragrafo 1d) raccomanda che le imprese contribuiscano all'eliminazione di tutte le forme di lavoro forzato e obbligatorio, un altro principio ripreso dalla Dichiarazione dell'OIL sui principi e diritti fondamentali del lavoro e riconosciuto come diritto umano ad essere liberi dal lavoro forzato e obbligatorio dal Patto internazionale sui diritti civili e politici (ICCPR). Il riferimento a tale diritto fondamentale nel lavoro è basato sulla Convenzione 29 del 1930 dell'OIL e sul relativo Protocollo del 2014, nonché sulla Convenzione 105 dell'OIL. La Convenzione 29 impegna i governi ad "abolire nel più breve termine possibile l'impiego del lavoro forzato o obbligatorio in tutte le sue forme" e la Convenzione 105 li impegna ad "abolire il lavoro forzato o obbligatorio e a non ricorrervi sotto alcuna forma" in alcuni casi determinati (ad esempio, come modo di coercizione politica o come misura disciplinare sul lavoro) e di "assicurare misure efficaci per l'abolizione immediata e completa del lavoro forzato o obbligatorio". Nel contempo, l'OIL resta la sede competente a trattare la delicata questione del lavoro carcerario, specie quando si tratti dell'utilizzo del lavoro dei detenuti (o della loro messa a disposizione) presso privati, imprese o associazioni. Le imprese dovrebbero adottare le misure necessarie per prevenire la tratta di esseri umani, anche ai fini del lavoro forzato, e affrontare i mezzi coercitivi, compresa la schiavitù per debiti. Esse dovrebbero rispondere agli indicatori stabiliti negli indicatori dell'OIL sul lavoro forzato e aumentare la trasparenza sulle azioni intraprese per affrontare i rischi del lavoro forzato associati alle loro attività, prodotti e servizi.

59. Il riferimento del paragrafo 1e) al principio di non discriminazione in materia di impiego o professione si applica ai termini e alle condizioni di assunzione, assegnazione di mansioni, licenziamento, remunerazione e vantaggi, promozione, trasferimento o riallocazione, fine del rapporto, formazione e pensionamento. L'elenco delle forme vietate di discriminazione è tratto dalla Convenzione 111 dell'OIL sulla discriminazione (impiego e professione), dalla Convenzione 100 dell'OIL, dalla Convenzione 183 sulla protezione della maternità, dalla Convenzione 159 sul reinserimento professionale e l'occupazione delle persone disabili, dalla Raccomandazione162 per i lavoratori anziani e dalla Raccomandazione 200 per il lavoro di persone affette da HIV e AIDS, in virtù delle quali violano le convenzioni, le raccomandazioni e i codici tutte le distinzioni, esclusioni o preferenze riconducibili a detti ambiti. Ai fini delle *Linee guida*, l'espressione "altra circostanza" si riferisce alle attività sindacali e a caratteristiche personali quali l'età, il genere, la disabilità, la gravidanza, lo stato civile, l'orientamento sessuale o l'HIV. Conformemente alle disposizioni del paragrafo 1e), le imprese sono chiamate a promuovere le pari opportunità per tutti, in particolare nella determinazione e applicazione di criteri uniformi di selezione, retribuzione, formazione e promozione, e a prevenire episodi di discriminazione o di licenziamento a causa di matrimonio, gravidanza, maternità o paternità o altre responsabilità familiari. Rilevante, in proposito, è la Convenzione 190 dell'OIL sulla violenza e sulle molestie.

60. Il paragrafo 1f) raccomanda a tutte le imprese di garantire un ambiente di lavoro sicuro e salubre, anche prevenendo gli incidenti e i danni alla salute dovuti al lavoro, connessi ad esso o verificatisi durante il suo svolgimento, riducendo al minimo, per quanto ragionevolmente possibile, le cause di pericolo inerenti all'ambiente di lavoro.

61. Nel paragrafo 2c) del capitolo, si richiede alle imprese di fornire ai lavoratori e ai loro rappresentanti le informazioni che consentano loro di farsi "un'opinione esatta e corretta" dei risultati ottenuti. Tali informazioni riguardano: la struttura dell'impresa, la situazione e le prospettive economiche e finanziarie, i suoi impatti ambientali negativi sulla salute e sulla sicurezza, l'andamento dell'occupazione e i cambiamenti sostanziali attesi nella sua attività, tenuto conto delle legittime esigenze di riservatezza. Considerazioni sulla riservatezza potrebbero comportare che le informazioni su alcuni punti non siano fornite o siano fornite soltanto con alcune precauzioni.

62. Il riferimento a forme consultive di partecipazione dei lavoratori di cui al paragrafo 3 del capitolo è ripreso dalla Raccomandazione 94 dell'OIL, che riguarda la consultazione e la collaborazione tra datori di lavoro e lavoratori a livello d'impresa. Esso è parimenti conforme ad una disposizione della Dichiarazione tripartita dell'OIL. Simili strumenti di consultazione non dovrebbero sostituire il diritto dei lavoratori di negoziare i termini e le condizioni di lavoro. Una raccomandazione sugli strumenti di consultazione connessi agli accordi di lavoro è, inoltre, contenuta nel paragrafo 8.

63. Nel paragrafo 4, gli standard sull'occupazione e le relazioni industriali si intendono estesi al trattamento economico e all'orario di lavoro. Il riferimento alla salute e alla sicurezza sul luogo di lavoro implica che le imprese multinazionali debbano applicare le regolamentazioni e gli standard settoriali vigenti per minimizzare il rischio di infortuni e malattie professionali che possono verificarsi a causa del rapporto di impiego, in sua costanza o in relazione a esso. Le imprese sono incoraggiate a lavorare all'innalzamento del livello di salute e sicurezza e sul lavoro nella totalità del loro funzionamento, anche ove ciò non sia formalmente richiesto dalla regolamentazione vigente nei paesi dove esse operano. Esse sono anche incoraggiate a rispettare la possibilità, per i lavoratori, di sottrarsi da una situazione lavorativa qualora sia ragionevole pensare che questa comporti un pericolo imminente e grave per la salute o la sicurezza. Le preoccupazioni relative alla salute e alla sicurezza, considerata la loro importanza e le complementarità con altre raccomandazioni, si riflettono in altre disposizioni delle *Linee guida*, in particolare in quelle concernenti la tutela dei consumatori e dell'ambiente. La Raccomandazione 194 dell'OIL sulla lista delle malattie professionali riporta un elenco indicativo delle malattie professionali, corredata da codici pratici e da guide di cui le imprese possono tenere conto nell'attuazione di questa raccomandazione delle *Linee guida*. Ulteriori indicazioni per le imprese in materia di salute e sicurezza sul lavoro sono sviluppate nella

Parte IV (Azione a livello di impresa) della Convenzione 155 dell'OIL sulla salute e sicurezza sul lavoro e nelle *Linee guida* per i sistemi di gestione della sicurezza e della salute sul lavoro (ILO-OSH).

64. La raccomandazione di cui al paragrafo 5 del presente capitolo invita le imprese multinazionali ad assumere in loco una quota adeguata di forza lavoro, ivi incluso il personale direttivo, e ad assicurarne la formazione. La formazione per lo sviluppo e la riqualificazione delle competenze dovrebbe anticipare i futuri cambiamenti delle attività e delle esigenze dei datori di lavoro, in risposta, tra l'altro, ai mutamenti sociali, ambientali e tecnologici, ai rischi e alle opportunità legati all'automazione, alla digitalizzazione, alla transizione giusta e allo sviluppo sostenibile. Le disposizioni di tale paragrafo, relative alla formazione e al livello di qualificazione, integrano il testo del paragrafo A.4 del capitolo Principi generali, che tratta la formazione del capitale umano. Il riferimento al personale locale integra il testo del paragrafo A.3 del capitolo Principi generali laddove incoraggia lo sviluppo delle competenze locali. In conformità con la Raccomandazione 195 dell'OIL per lo sviluppo delle risorse umane, le imprese sono anche incoraggiate ad investire il più possibile in formazione ed apprendimento permanente, assicurando pari opportunità di formazione alle donne e ad altre categorie vulnerabili, così come i giovani, le persone poco qualificate, le persone disabili, i migranti, i lavoratori anziani e le popolazioni indigene.

65. Le imprese hanno un ruolo importante da svolgere nella promozione e creazione di lavoro dignitoso. Il paragrafo 6 raccomanda alle imprese di avvertire in tempi ragionevoli i rappresentanti del personale e le autorità governative competenti, qualora prevedano cambiamenti nella loro attività capaci di ripercuotersi pesantemente sui mezzi di sussistenza dei loro lavoratori, specie nel caso di chiusura di un'unità o di evoluzioni verso l'automazione, con conseguenti messa in mobilità o licenziamenti collettivi su larga scala. Come indicato nel paragrafo stesso, esso intende fornire un'opportunità di cooperazione per mitigare gli effetti di tali cambiamenti. Si tratta di un principio importante che riflette leggi e pratiche consolidati nelle relazioni industriali dei paesi aderenti alle *Linee guida*, sebbene le soluzioni all'uopo adottate nell'ambito di ciascuno di tali paesi non siano identiche. Sempre nel paragrafo 6 si osserva che, a seconda delle specifiche circostanze, sarebbe bene che la direzione fosse in grado di avvertire gli interessati prima dell'adozione della decisione finale. Invero, l'avviso che precede la decisione finale è una caratteristica delle leggi e delle pratiche in materia di relazioni industriali di vari paesi aderenti. Tuttavia, non è l'unica opportunità di cooperazione costruttiva per attenuare gli effetti di tali decisioni: le leggi e le pratiche di altri Aderenti prevedono strumenti quali, ad esempio, la fissazione di un periodo durante il quale le consultazioni devono aver luogo prima che tali decisioni possano essere attuate.

VI. Ambiente

Le imprese svolgono un ruolo fondamentale nella creazione di economie sostenibili e possono contribuire a dare una risposta efficace e progressiva alle sfide ambientali globali, regionali e locali, tra le quali la minaccia urgente del cambiamento climatico. Nel quadro delle leggi, dei regolamenti e delle pratiche amministrative dei paesi in cui operano, e in considerazione dei pertinenti accordi, principi, obiettivi e standard internazionali, le imprese dovrebbero condurre le proprie attività in modo da tenere in debita considerazione la necessità di tutelare l'ambiente e, in questo modo, i lavoratori, le comunità e la società in generale, evitando gli impatti ambientali negativi o affrontandoli e contribuendo al più ampio obiettivo dello sviluppo sostenibile. Le imprese possono essere coinvolte in una serie di impatti ambientali negativi, tra i quali:

a) il cambiamento climatico;

b) la perdita di biodiversità;

c) il degrado degli ecosistemi terrestri, marini e d'acqua dolce;

d) la deforestazione;

e) l'inquinamento dell'aria, dell'acqua e del suolo;

f) la cattiva gestione dei rifiuti, comprese le sostanze pericolose

I commenti a questo capitolo evidenziano le differenze importanti tra i diversi impatti ambientali, anche per quanto riguarda il cambiamento climatico e i modi in cui il legame di ciascuna impresa con tali impatti debba essere considerato in relazione al contesto.

In particolare, le imprese dovrebbero:

1. Istituire e mantenere un sistema di gestione ambientale adeguato all'impresa ed associato all'intero ciclo di vita delle attività, dei prodotti e dei servizi della stessa, anche attraverso la messa in atto della due diligence basata sul rischio, quale descritta nel capitolo II, per gli impatti ambientali negativi, anche attraverso:
    a) l'identificazione e la valutazione degli impatti ambientali negativi associati alle attività, ai prodotti o ai servizi di un'impresa, anche attraverso la raccolta e la valutazione di informazioni adeguate e tempestive sugli impatti negativi associati alle loro attività, prodotti e servizi e - ove le attività possano avere impatti negativi significativi sull'ambiente - attraverso la predisposizione di un'adeguata valutazione d'impatto ambientale;
    b) la definizione ed il perseguimento di obiettivi, traguardi e strategie misurabili per affrontare gli impatti ambientali negativi, associati alle loro attività, ai loro prodotti ed ai loro servizi e per migliorare le prestazioni ambientali. I traguardi dovrebbero essere basati su dati scientifici, coerenti con le politiche nazionali rilevanti e con gli impegni e gli obiettivi internazionali ed ispirati alle migliori pratiche;
    c) la verifica regolare dell'efficacia delle strategie ed il monitoraggio dei progressi compiuti in direzione degli obiettivi e dei traguardi ambientali, nonché il riesame periodico di obiettivi, traguardi e strategie per garantirne la costante pertinenza;

d) l'offerta al pubblico, ai lavoratori e agli altri stakeholder rilevanti di informazioni adeguate, misurabili, verificabili (se del caso) e tempestive sugli impatti ambientali associati alle attività, ai prodotti e ai servizi dell'impresa, sulla base delle migliori informazioni disponibili, nonché sui progressi compiuti in direzione dei traguardi e degli obiettivi descritti al paragrafo 1b);

e) il rimedio, in proprio o, a seconda dei casi, in cooperazione con altri, agli impatti ambientali negativi che l'impresa ha causato o a cui ha contribuito, e l'esercizio della propria influenza sulle altre entità che causano o contribuiscono agli impatti ambientali negativi per indurle a porvi rimedio.

2. Coinvolgere in maniera significativa gli stakeholder interessati dagli impatti ambientali negativi associati alle loro attività, ai loro prodotti o ai loro servizi.

3. Conformemente alle conoscenze scientifiche e tecniche dei rischi, laddove sussistano minacce di danni gravi o irreversibili all'ambiente, tenuto conto anche della salute e della sicurezza umana, non invocare la mancanza di piena certezza scientifica o di procedure come motivo per rinviare misure efficaci in relazione ai costi per prevenire o ridurre al minimo tali danni.

4. Predisporre piani di emergenza per prevenire, mitigare e contenere i gravi danni all'ambiente e alla salute derivanti dalle loro attività, ivi compresi incidenti e situazioni di emergenza, nonché meccanismi d'allarme per la segnalazione immediata alle autorità competenti.

5. Cercare continuamente di migliorare le prestazioni ambientali a livello di impresa e, dove appropriato, con i soggetti con i quali intrattengono rapporti d'affari, anche attraverso:

   a) l'adozione di tecnologie, ove possibile le migliori tecnologie disponibili, per migliorare le prestazioni ambientali;

   b) lo sviluppo e l'offerta di prodotti o servizi privi di impatti ambientali indebiti; sicuri nell'uso previsto; durevoli, riparabili e suscettibili di riutilizzo, riciclo o smaltimento in totale sicurezza; prodotti nel rispetto dell'ambiente, attraverso l'impiego sostenibile delle risorse naturali, il minimo utilizzo di energia e di materiali nonché la minima generazione di inquinamento, emissioni di gas serra e rifiuti, in particolare di rifiuti pericolosi;

   c) la promozione, tra i clienti, di un più elevato livello di consapevolezza delle implicazioni ambientali dell'utilizzo dei prodotti e dei servizi dell'impresa, anche fornendo informazioni pertinenti e accurate sui loro impatti ambientali (ad esempio, in materia di emissioni di gas a effetto serra, impatti sulla biodiversità, utilizzo efficiente delle risorse, riparabilità e riciclabilità o altre questioni ambientali).

6. Fornire un'adeguata istruzione e formazione ai lavoratori in materia di ambiente, salute e sicurezza, compresa la gestione di materiali e rifiuti pericolosi e non pericolosi, e anche la prevenzione degli incidenti ambientali, nonché su aspetti più generali di gestione ambientale, come le procedure di valutazione d'impatto ambientale, le pubbliche relazioni e le tecnologie ambientali. Fornire supporto, compreso lo sviluppo di capacità in materia di gestione ambientale, ai fornitori e ad altri rapporti d'affari, in particolare alle piccole e medie imprese e ai piccoli proprietari, ove appropriato e fattibile.

7. Contribuire allo sviluppo di politiche ambientali pubbliche responsabili ed economicamente efficienti, ad esempio, tramite partenariati o iniziative in grado di accrescere la consapevolezza e la tutela ambientale.

Commenti al Capitolo VI: Ambiente

66. Il raggiungimento degli obiettivi ambientali richiede un'azione a livello sociale. Le *Linee guida* stabiliscono le aspettative su come le imprese dovrebbero evitare e affrontare gli impatti ambientali negativi e contribuire al raggiungimento degli obiettivi di mitigazione dei cambiamenti climatici e di adattamento ai medesimi; la conservazione, il ripristino e l'uso sostenibile della diversità biologica; l'uso sostenibile, razionale e lecito del suolo, delle risorse e dell'energia; il consumo e la produzione sostenibili, in particolare attraverso la promozione di iniziative di economia circolare; prevenzione, riduzione e controllo dell'inquinamento. Gli impegni internazionali, gli accordi multilaterali e gli altri quadri normativi costituiscono riferimenti importanti per comprendere le questioni e le aspettative ambientali. Alcuni accordi internazionali riflettono gli obiettivi comuni dei governi senza necessariamente definire le responsabilità delle singole imprese rispetto a tali obiettivi. In questi casi, le normative applicabili, le politiche pubbliche nazionali, gli standard di gestione e le misure di protezione ambientale ampiamente riconosciuti, nonché i dati scientifici costituiscono riferimenti importanti. Il testo del capitolo sull'ambiente riflette ampiamente i principi e gli obiettivi stabiliti nella Dichiarazione di Rio sull'ambiente e lo sviluppo, nell'Agenda 21 (nell'ambito della Dichiarazione di Rio) e nell'Agenda 2030 delle Nazioni Unite per lo sviluppo sostenibile. Esso, inoltre, è in linea con la Convenzione quadro delle Nazioni Unite sui cambiamenti climatici (UNFCCC), con l'Accordo di Parigi, la Convenzione sulla diversità biologica, il Quadro globale per la biodiversità di Kunming-Montreal, le pertinenti convenzioni regionali sull'accesso alle informazioni, la partecipazione del pubblico e l'accesso alla giustizia in materia ambientale, la Convenzione delle Nazioni Unite per la lotta contro la desertificazione, nonché gli ulteriori accordi ambientali regionali pertinenti, e riflette gli standard contenuti in strumenti quali lo Standard ISO sui sistemi di gestione ambientale, gli Standard di prestazione ambientale e sociale dell' International Finance Corporation e l'Approccio strategico alla gestione internazionale delle sostanze chimiche (SAICM).

67. Nell'ambito delle *Linee guida*, il termine "gestione ambientale" va interpretato nel suo significato più ampio, vale a dire includendovi le attività che mirano a individuare gli impatti e i rischi ambientali, ad evitare e porre rimedio agli impatti ambientali negativi connessi alle attività, ai prodotti e ai servizi di un'impresa, tenendo conto della quota di impatti cumulativi attribuibili alla stessa, ed a migliorarne continuamente le prestazioni ambientali. La gestione ambientale implica anche una due diligence basata sul rischio relativa agli impatti ambientali negativi. Ai sensi del capitolo II, la natura e la portata della due diligence ambientale dipendono dalla situazione peculiare di ciascuna impresa. Essa può essere ostacolata dalla mancanza di dati o di tecnologie ambientali. La due diligence comporta anche la definizione di un ordine di priorità basato sul rischio. Essa dipende anche dal modo in cui gli impatti ambientali associati alle attività, ai prodotti o ai servizi dell'impresa sono ragionevolmente prevedibili. La gestione ambientale è un elemento essenziale dello sviluppo sostenibile e può comportare la necessità di conciliare un'ampia gamma di priorità, tra le quali le priorità e gli obiettivi nazionali per lo sviluppo sostenibile. La gestione rappresenta sia una responsabilità che un'opportunità per le imprese. Le imprese multinazionali hanno un ruolo importante da svolgere in ambo le direzioni. I dirigenti di tali imprese dovrebbero quindi prestare la dovuta attenzione ai problemi ambientali nello sviluppo delle loro strategie. Il miglioramento delle prestazioni ambientali richiede un impegno verso un approccio sistematico e un miglioramento continuo del sistema. Un sistema di gestione ambientale fornisce il quadro interno necessario ad integrare le considerazioni di carattere ambientale nelle sue attività. La creazione di un tale sistema dovrebbe contribuire a rassicurare gli azionisti, i lavoratori e gli altri stakeholder rilevanti circa la volontà dell'impresa di preservare l'ambiente dall'impatto negativo delle sue attività.

68. L'introduzione al capitolo in commento contiene un elenco non esaustivo degli impatti ambientali negativi che possono essere associati alle attività delle imprese. Un certo numero di attività delle imprese può comportare impatti ambientali negativi. Gli impatti ambientali negativi sono cambiamenti significativi dell'ambiente o del biota che influiscono negativamente sulla composizione, la resilienza, la produttività o la capacità di carico degli ecosistemi naturali e gestiti, o sul funzionamento dei sistemi socioeconomici o

sugli individui. Gli impatti ambientali negativi dovrebbero essere valutati sulla base delle migliori conoscenze scientifiche disponibili. Ai sensi del capitolo II delle *Linee guida*, un'impresa "causa" un impatto ambientale negativo quando le sue attività da sole sono sufficienti a produrlo. Un'impresa "contribuisce a" un impatto ambientale negativo se le sue attività, in combinazione con le attività di altre entità, causano l'impatto, o se le sue attività determinano, facilitano o incoraggiano la produzione di un impatto negativo da parte di un'altra entità. Gli impatti ambientali negativi possono anche essere direttamente collegati alle attività, ai prodotti o ai servizi di un'impresa attraverso un rapporto d'affari, pur non contribuendo a tali impatti.

69. Gli impatti ambientali possono essere collettivi e interconnessi oppure isolati. Possono anche essere localizzati o transfrontalieri per natura. Mentre alcuni impatti ambientali sono ben compresi, l'estensione, la natura e la causa di altri impatti possono essere meno ben compresi, in evoluzione o addirittura sconosciuti. Pertanto, mentre in alcuni casi sarà possibile valutare, sulla base delle conoscenze scientifiche e delle informazioni disponibili, la misura in cui un'impresa contribuisce ad un impatto ambientale negativo, altre volte tale valutazione potrà risultare più difficile. In quest'ultimo caso, ai sensi delle *Linee guida*, la valutazione del contributo di un'impresa agli impatti negativi dovrebbe tenere conto della misura in cui le sue attività sono conformi agli standard, alle procedure di gestione ambientale e alle misure di protezione relative alle buone pratiche ambientali ampiamente riconosciuti; ai parametri e agli standard stabiliti nelle norme e nei quadri normativi ambientali applicabili, nonché agli accordi internazionali pertinenti.

70. Gli impatti ambientali negativi sono spesso strettamente collegati ad altre questioni affrontate dalle *Linee guida*, come la salute e la sicurezza, gli impatti sui lavoratori e sulle comunità, l'accesso ai mezzi di sussistenza o i diritti fondiari. Inoltre, la due diligence ambientale e la gestione degli impatti ambientali negativi comportano spesso la considerazione di diverse priorità ambientali, sociali e di sviluppo. In particolare, il preambolo dell'Accordo di Parigi tiene conto, tra l'altro, degli imperativi di una transizione giusta, della forza lavoro e della creazione di posti di lavoro dignitosi e di qualità conformemente alle priorità di sviluppo definite a livello nazionale e riconosce che, quando intraprendono delle azioni per far fronte ai cambiamenti climatici, le Parti dovrebbero rispettare, promuovere e tenere conto dei rispettivi obblighi. Al riguardo, è importante che le imprese valutino e affrontino gli impatti sociali nelle loro attività di gestione ambientale e di due diligence e adottino misure per prevenire e mitigare tali impatti sia quando abbandonano pratiche dannose per l'ambiente sia nella transizione verso settori o pratiche industriali più verdi, come l'uso di energie rinnovabili. A tal fine sarà importante rispettare i diritti dei lavoratori, anche attraverso il dialogo sociale e la contrattazione collettiva descritte nel capitolo V, il coinvolgimento significativo degli stakeholder rilevanti e, se del caso, il disimpegno responsabile descritto nel capitolo II.

71. Oltre al miglioramento delle prestazioni ambientali, l'adozione di un sistema di gestione ambientale può presentare vantaggi economici per le imprese, grazie alla riduzione dei costi d'esercizio e assicurativi, a un maggior risparmio di energia e di risorse, a un minor carico di adempimenti e di responsabilità, ad una accresciuta sostenibilità e resilienza, a un accesso più facile al capitale e alle competenze, a una maggiore soddisfazione dei clienti e a migliori relazioni con la comunità e con il pubblico.

72. La comunicazione sugli impatti ambientali delle attività, dei prodotti e dei servizi di un'impresa, nonché il coinvolgimento costruttivo degli stakeholder, fanno parte della due diligence e possono anche essere richiesti dalla legge. Gli standard di rendicontazione, come la Global Reporting Initiative e altri standard per la rendicontazione ambientale sono riferimenti utili. Si veda anche il capitolo III sulla divulgazione di informazioni. Il coinvolgimento significativo degli stakeholder quali dipendenti, clienti, investitori, fornitori, appaltatori, comunità locali, individui o gruppi in situazioni di vulnerabilità o emarginazione, persone con diritti speciali o diritti fondiari legittimi e popolazioni indigene ed il pubblico in generale, così come la comunicazione con essi, sono particolarmente importanti quando questi sono colpiti o possono essere interessati da tali impatti negativi e quando sono in gioco beni ambientali rari o a rischio, in un contesto regionale, nazionale o internazionale.

73. Le imprese sono incoraggiate ad adottare modelli di consumo e produzione sostenibili, anche attraverso l'efficienza delle risorse, l'economia circolare e altri modelli. Attraverso queste pratiche, le imprese possono ridurre significativamente i loro impatti ambientali negativi. L'efficienza delle risorse promuove un uso più efficiente ed efficace delle risorse e dei materiali, anche attraverso la fornitura di materie prime rispettose dell'ambiente. Inoltre, le strategie di economia circolare fanno parte dei mezzi a disposizione per conseguire lo sviluppo sostenibile, in conformità alle priorità e alle circostanze nazionali. L'economia circolare è un modello in base al quale prodotti e i materiali, sono progettati in modo tale da poter essere riutilizzati, riparati, ricondizionati, riciclati o recuperati, così come le risorse da cui derivano, e quindi mantenuti nell'economia il più a lungo possibile, ed in cui la produzione di rifiuti, in particolare di rifiuti pericolosi, è evitata o ridotta al minimo, e le emissioni di gas serra sono controllate e ridotte.

74. La premessa di base delle *Linee guida* è che le imprese dovrebbero agire il prima possibile e in modo proattivo per evitare impatti ambientali negativi.

75. Le *Linee guida* non sono destinate a reinterpretare gli strumenti esistenti né a creare dei nuovi impegni o dei precedenti per i governi; esse si prefiggono esclusivamente di raccomandare le modalità di attuazione del principio di precauzione a livello di impresa. Si riconosce che l'adozione di tale approccio necessiti di una certa flessibilità, secondo la specificità del contesto nel quale si interviene. Si riconosce, altresì, che spetti ai governi definire, in questo ambito, alla luce delle rispettive capacità, il quadro di base e che sia loro responsabilità consultare periodicamente gli stakeholder sul modo migliore di procedere, assicurando la trasparenza ed un approccio su base scientifica.

76. Le imprese possono dare un contributo importante al raggiungimento della neutralità carbonica e di un'economia resiliente sotto il profilo climatico, necessari per conseguire gli obiettivi di mitigazione dei cambiamenti climatici e di adattamento agli stessi, concordati a livello internazionale. Nel processo di transizione verso la neutralità carbonica, molte delle attività delle imprese saranno accompagnate da una certa misura di emissioni di gas serra e di riduzione dei pozzi di assorbimento del carbonio. Le imprese dovrebbero garantire che le loro emissioni di gas serra e i loro impatti sui pozzi di carbonio siano in linea con gli obiettivi di contenimento della temperatura globale concordati a livello internazionale sulla base delle migliori conoscenze scientifiche disponibili, anche come valutato dall'Intergovernmental Panel on Climate Change (IPCC).

77. Ciò implica l'introduzione, l'attuazione di politiche, strategie e piani di transizione basati su dati scientifici per la mitigazione dei cambiamenti climatici e l'adattamento ad essi, come pure l'adozione, la realizzazione, il monitoraggio e la rendicontazione di specifici obiettivi di mitigazione dei cambiamenti climatici a breve, medio e lungo termine. Tali obiettivi dovrebbero essere basati su dati scientifici, includere riduzioni di gas serra in termini assoluti o di intensità e tenere conto delle emissioni di gas serra Scope 1 e 2 e, per quanto possibile, sulla base delle migliori informazioni disponibili, di quelle Scope 3. Sarà importante riferire sugli sviluppi in relazione a tali obiettivi, verificarne l'adeguatezza e l'utilità e aggiornarli regolarmente sulla base dei migliori dati scientifici disponibili ed in linea con lo sviluppo e l'aggiornamento dei percorsi di transizione nazionali o settoriali. Le imprese dovrebbero dare priorità all'eliminazione o alla riduzione delle fonti di emissione rispetto alle misure di compensazione o neutralizzazione. I crediti di carbonio e i sistemi di compensazione del carbonio dovrebbero essere considerati l'ultima risorsa cui ricorrere, tra gli strumenti per affrontare le emissioni persistenti. I crediti di carbonio e i sistemi di compensazione del carbonio dovrebbero godere di un elevato livello di integrità ambientale, non dovrebbero distogliere l'attenzione dalla necessità di ridurre le emissioni né contribuire a perpetuare processi e infrastrutture ad alta intensità di gas serra. Le imprese dovrebbero rendere conto pubblicamente di qualsiasi uso di crediti di carbonio o sistemi di compensazione del carbonio e sulle loro caratteristiche rilevanti. Tali comunicazioni dovrebbero essere separate e complementari rispetto a quelle relative alla riduzione delle emissioni.

78. L'uso dell'influenza presso i fornitori e gli altri rapporti d'affari, nonché la fornitura di soluzioni tecnologiche a condizioni reciprocamente accettabili, l'assistenza tecnica e il finanziamento per sostenere

i loro sforzi di mitigazione dei cambiamenti climatici e di adattamento agli stessi, saranno fondamentali per conseguire gli obiettivi e affrontare gli impatti.

79. Il conseguimento della resilienza e dell'adattamento ai cambiamenti climatici è un elemento fondamentale della risposta globale ai cambiamenti climatici a lungo termine per proteggere le persone e gli ecosistemi e richiederà la mobilitazione e il sostegno di tutti i segmenti della società. Le imprese dovrebbero evitare attività che compromettano l'adattamento ai cambiamenti climatici delle comunità, dei lavoratori e degli ecosistemi e la loro resilienza climatica.

80. La preservazione della diversità biologica, la gestione e l'uso sostenibile delle risorse naturali e degli ecosistemi, tra cui, ad esempio, foreste, oceani, torbiere e zone umide, sono molto importanti per la salute e la vita umana, per la sopravvivenza delle specie nonché per la mitigazione dei cambiamenti climatici e l'adattamento ad essi. Le imprese dovrebbero contribuire alla preservazione della diversità biologica, all'uso sostenibile dei suoi componenti e alla giusta ed equa ripartizione dei benefici derivanti dall'utilizzazione delle risorse genetiche. Le imprese dovrebbero, inoltre, evitare e gestire il degrado delle risorse terrestri, marine e di acqua dolce, compresa la deforestazione, in linea con gli Obiettivi di sviluppo sostenibile delle Nazioni Unite, in particolare l'obiettivo 15.2, nonché il Piano strategico delle Nazioni Unite sulle foreste 2017-2030 e la Dichiarazione di Glasgow del 2021 sulle foreste e l'uso del suolo per arrestare e invertire la rotta contro la perdita di foreste e degrado del suolo entro il 2030. Gli sforzi in questa direzione dovrebbero contemplare una due diligence rafforzata in relazione ai potenziali impatti negativi sulla biodiversità nei parchi nazionali, nelle riserve e in altre aree protette, compresi i siti del patrimonio naturale mondiale dell'UNESCO, le aree protette ai sensi della Convenzione sulla diversità biologica e del diritto nazionale, così come le specie protette. Se del caso, e conformemente alle proprie capacità e alle disposizioni del diritto nazionale del luogo in cui operano, le imprese dovrebbero altresì contribuire alla gestione sostenibile dei terreni e delle foreste, compresi il ripristino, l'imboschimento e il rimboschimento, nonché alla riduzione del degrado del suolo, dell'ambiente marino e delle risorse di acqua dolce. Gli sforzi delle imprese per prevenire o mitigare gli impatti negativi sulla biodiversità dovrebbero essere guidati dalla gerarchia delle misure di mitigazione che, per quel che riguarda la biodiversità, raccomanda, in primo luogo, di evitare i danni o, se ciò non è possibile, di ridurli o limitarli al minimo, e di ricorrere a misure di compensazione o ripristino solo come ultima risorsa per gli impatti negativi che non possono essere evitati.

81. Gli impatti ambientali negativi, in particolare quelli relativi alla biodiversità e al degrado delle risorse terrestri, marine e di acqua dolce, possono essere collegati a questioni di governance responsabile nell'amministrazione del territorio, nella silvicoltura e nella pesca. Come indicato negli Orientamenti volontari sulla governance responsabile della terra, della pesca e delle foreste (VGGT), la governance responsabile della terra, delle foreste e della pesca può svolgere un ruolo di sostegno all'uso sostenibile dell'ambiente. In questo contesto, i VGGT richiedono investimenti che non causino danni e salvaguardino contro l'espropriazione dei legittimi titolari di diritti fondiari e i danni ambientali.

82. Inoltre, le *Linee guida* invitano le imprese ad impegnarsi per migliorare il livello delle prestazioni ambientali in ogni fase della loro attività, anche se ciò non è espressamente richiesto dalle pratiche in atto nei paesi in cui esse operano. A questo proposito, le imprese dovrebbero tenere nel debito conto i loro effetti sociali ed economici sui paesi in via di sviluppo.

83. Le imprese multinazionali, per esempio, hanno spesso la possibilità di accedere a tecnologie esistenti ed innovative o a procedure operative che, se utilizzate, potrebbero contribuire al miglioramento complessivo delle prestazioni ambientali. Non bisogna dimenticare che le imprese multinazionali, essendo spesso considerate all'avanguardia nel loro settore, possono generare un effetto di emulazione sulle altre imprese. Assicurare che l'ambiente dei paesi nei quali le imprese multinazionali operano tragga beneficio anche delle tecnologie e dalle pratiche disponibili e innovative è un altro modo importante per sostenere le attività d'investimento internazionale su un piano più generale.

84. Le imprese hanno un ruolo importante nella formazione e nell'educazione dei propri dipendenti e degli altri stakeholder in materia di gestione ambientale. Esse sono invitate ad assumere questa

responsabilità nel modo più esteso possibile, in particolare nei settori che interessano direttamente la salute e la sicurezza umana. Le imprese dovrebbero, inoltre, comunicare le proprie politiche, i propri requisiti e i propri standard ambientali in modo chiaro e accessibile ai propri rapporti d'affari.

85. Le imprese dovrebbero rispettare le norme in materia di benessere degli animali in linea con il Codice sanitario per gli animali terrestri dell'Organizzazione mondiale della sanità animale (WHOA). Un animale è considerato in situazione di benessere se è sano, ha un comfort sufficiente, è ben nutrito e sicuro, non affronta una situazione spiacevole come dolore, paura o angoscia, e può adottare i comportamenti essenziali per la sua condizione fisica e mentale. Il benessere degli animali richiede la prevenzione delle malattie e le cure veterinarie, un riparo, una gestione e un'alimentazione adeguate, un ambiente stimolante e sicuro e un trattamento, una macellazione o un abbattimento dignitosi. Le imprese dovrebbero, inoltre, attenersi alle raccomandazioni sul trasporto di animali vivi elaborate dalle organizzazioni internazionali competenti.

VII. Lotta alla corruzione in ogni sua forma

Gli impatti negativi nelle materie trattate delle *Linee guida* sono spesso resi possibili per mezzo della corruzione. In quanto tale, l'adozione da parte di un'impresa di efficaci misure anticorruzione è un contributo importante per evitare altri impatti negativi contemplati dalle *Linee guida*. Le imprese non dovrebbero farsi coinvolgere in atti di corruzione di nessun tipo.

In particolare, le imprese:

1. Non dovrebbero compiere alcun atto di corruzione, inclusa l'offerta, la promessa o la concessione di qualsiasi indebito vantaggio pecuniario o di altra natura a pubblici ufficiali o dipendenti di persone o entità con i quali esse hanno rapporti d'affari, né a loro parenti o associati. Allo stesso modo, le imprese non dovrebbero richiedere, concordare o accettare indebiti vantaggi pecuniari o di altro tipo da funzionari pubblici o dipendenti di persone o entità con cui esse hanno rapporti d'affari. Non dovrebbero servirsi di terzi o di altri intermediari, inclusi, tra l'altro, agenti, consulenti, rappresentanti, distributori, consorzi, appaltatori, fornitori e partner di joint venture per destinare indebiti vantaggi pecuniari o di altra natura a pubblici ufficiali o a dipendenti di persone o enti con cui esse hanno rapporti d'affari, né a loro parenti o associati.
2. Dovrebbero sviluppare e adottare adeguati meccanismi di controllo interni, nonché programmi o misure diretti a garantire l'etica e la conformità alle norme, per prevenire, individuare e affrontare adeguatamente la corruzione in ogni sua forma, sviluppati sulla base di una valutazione fondata sul rischio, tenendo conto delle circostanze specifiche in cui si trovano e, in particolare, dei propri fattori di rischio legati alla corruzione in ogni sua forma (compresi, tra l'altro, l'area geografica e il settore industriale di attività, altre questioni di condotta responsabile d'impresa, il contesto normativo, il tipo di rapporti d'affari, le transazioni con i governi stranieri, e l'impiego di terzi). Tali meccanismi di controllo interni, programmi o misure tesi a garantire l'etica e la conformità alle norme, dovrebbero includere un sistema di procedure finanziarie e contabili, in particolare un sistema di controlli interni progettato per garantire la tenuta di libri contabili, registri di conflitto di interesse, archivi e conti veritieri e accurati, in modo da garantire che non possano essere utilizzati allo scopo di commettere o nascondere atti di corruzione di qualunque tipo. Tali circostanze e rischi peculiari dovrebbero essere regolarmente monitorati e valutati, se necessario, per determinare le risorse da destinare alla conformità alle norme e per garantire che i meccanismi di controllo interni, i programmi o le misure tesi a garantire l'etica e la conformità alle norme vengano adeguati e continuino ad essere efficaci, nonché per mitigare il rischio che le imprese siano coinvolte in qualsiasi forma di corruzione. Questi meccanismi di controllo interni, programmi o misure tesi a garantire l'etica e la conformità alle norme per prevenire e individuare tutte le forme di corruzione, dovrebbero includere anche lo svolgimento della due diligence basata sul rischio, come descritta nel capitolo II.
3. Dovrebbero proibire o scoraggiare, attraverso meccanismi di controllo interni, programmi o misure tesi a garantire l'etica e la conformità alle norme, l'uso di piccoli pagamenti di facilitazione, che sono generalmente illegali nei paesi in cui vengono effettuati, e, qualora tali pagamenti venissero effettuati, dovrebbero registrarli accuratamente nei libri contabili e registri finanziari.

4. Dovrebbero garantire, tenendo conto dei rischi particolari legati alla corruzione, una due diligence adeguatamente documentata relativa all'assunzione e alla supervisione adeguata e regolare degli agenti, nonché l'adeguatezza della loro remunerazione e la liceità dei servizi ad essi richiesti. Se del caso, dovrebbe essere tenuto e messo a disposizione delle autorità competenti un elenco aggiornato degli agenti impegnati nelle attività con enti pubblici e imprese statali, in conformità con gli obblighi applicabili di informativa al pubblico. Le imprese dovrebbero adottare misure per garantire che i loro agenti evitino di esercitare un'influenza illecita e rispettino gli standard professionali nei loro rapporti con i funzionari pubblici.
5. Dovrebbero accrescere la trasparenza delle loro attività di lotta alla corruzione e promuovere una cultura dell'integrità. Le misure potrebbero includere *i)* sostegno e impegno forte, esplicito e visibile da parte del consiglio di amministrazione o dell'equivalente organo di governo e dell'alta dirigenza nei confronti dei meccanismi di controllo interni, dei programmi e delle misure tesi a garantire l'etica e la conformità alle norme dell'impresa; *ii)* una politica aziendale chiaramente articolata e visibile che vieti la corruzione, facilmente accessibile a tutti i dipendenti e ai terzi interessati, inclusi, tra l'altro, filiali estere, agenti e altri intermediari; e *iii)* rendere noti i sistemi di gestione e i meccanismi di controllo interni, i programmi e le misure tesi a garantire l'etica e la conformità alle norme, adottati per onorare tali impegni. Le imprese dovrebbero inoltre favorire l'apertura e il dialogo con il pubblico in modo da promuoverne la consapevolezza e la cooperazione nella lotta contro la corruzione. Le imprese sono incoraggiate a divulgare, fatte salve le leggi e i requisiti nazionali, qualsiasi condotta illecita relativa alla corruzione, nonché le misure adottate per affrontare i casi di sospetta corruzione. Queste misure possono includere, a titolo esemplificativo ma non esaustivo, procedure per l'identificazione, l'indagine e la rendicontazione della cattiva condotta, nonché la collaborazione leale e proattiva con le autorità preposte all'applicazione della legge.
6. Dovrebbero promuovere la consapevolezza e il rispetto delle politiche aziendali e dei meccanismi di controllo interni, dei programmi e delle misure tesi a garantire l'etica e la conformità alle norme o delle misure contro la corruzione, tra i dipendenti e le persone o le entità legate da un rapporto d'affari, attraverso un'adeguata diffusione di tali politiche, programmi o misure ed attraverso programmi di formazione e procedure disciplinari che tengano conto, di volta in volta, delle barriere linguistiche, culturali e tecnologiche.
7. Non dovrebbero erogare contributi illeciti a candidati a cariche pubbliche o a partiti politici, né ad altre organizzazioni legate a partiti politici o a candidati politici. I contributi alla politica dovrebbero rispettare pienamente le leggi nazionali, compresi i requisiti in materia di informazione pubblica, e dovrebbero richiedere l'approvazione dell'alta dirigenza. Ciò include il non obbligare i lavoratori a sostenere un candidato politico o un'organizzazione politica.

Commenti al Capitolo VII: Lotta alla corruzione in ogni sua forma

86. L'espressione "corruzione in ogni sua forma" deve essere interpretata in conformità con gli strumenti menzionati di seguito. L'espressione include la corruzione di pubblici ufficiali o dipendenti di persone o entità legate da un rapporto d'affari. Può anche includere il traffico d'influenze e la distrazione di fondi destinati alla sponsorizzazione o alla beneficienza. Le imprese non devono, ad esempio, offrire, promettere, dare o richiedere direttamente o indirettamente tangenti o altri vantaggi indebiti, al fine di ottenere o mantenere determinati affari o altri vantaggi impropri. Le imprese dovrebbero inoltre respingere qualsiasi sollecitazione di tangenti e qualsiasi altra forme di estorsione. Sebbene i conflitti di interesse non costituiscano di per sé corruzione, vi è sempre maggior consapevolezza che i conflitti tra gli interessi privati e i doveri istituzionali dei funzionari pubblici possono potenzialmente dar luogo ad atti di corruzione se non sono adeguatamente gestiti. La *Convenzione dell'OCSE sulla lotta alla corruzione di pubblici ufficiali stranieri nelle attività economiche internazionali* (la Convenzione anticorruzione dell'OCSE) è entrata in vigore il 15 febbraio 1999. La *Convenzione anticorruzione dell'OCSE,* insieme alla *Raccomandazione del*

Consiglio dell'OCSE per rafforzare la lotta contro la corruzione dei pubblici ufficiali stranieri nelle attività commerciali internazionali [*OECD/LEGALOECD/LEGAL/0378*] (la *Raccomandazione dell'OCSE contro la corruzione*), alla *Raccomandazione sulle misure fiscali per rafforzare la lotta contro la corruzione dei pubblici ufficiali stranieri nelle transazioni commerciali internazionali* [*OECD/LEGAL/0371*], la *Raccomandazione sulla corruzione e sul credito all'esportazione che beneficiano di un sostegno pubblico* [*OECD/LEGAL/0447*] e la *Raccomandazione per gli attori della cooperazione allo sviluppo sulla gestione del rischio di corruzione* [*OECD/LEGAL/0431*] sono i principali strumenti con cui l'OCSE affronta dal lato dell'offerta la corruzione di funzionari pubblici stranieri. Nel loro insieme, questi strumenti mirano ad eliminare l'"offerta" di tangenti a funzionari pubblici stranieri, rendendo ogni paese responsabile delle attività delle proprie imprese e degli atti commessi entro la propria giurisdizione[2]. Per promuovere la piena attuazione della Convenzione anticorruzione dell'OCSE e di questi strumenti correlati è stato istituito un programma di monitoraggio rigoroso e sistematico della loro implementazione da parte dei diversi paesi. Ulteriori atti di corruzione ed altri rischi per l'integrità sono trattati nella *Raccomandazione sull'integrità pubblica* [*OECD/LEGAL/0435*]; nella *Raccomandazione sui principi per la trasparenza e l'integrità nel lobbismo* [*OCED/LEGAL/0379*]; nella *Raccomandazione sulle Linee guida dell'OCSE per la gestione del conflitto di interessi nel servizio pubblico* [*OCED/LEGAL/0316*] e nella *Raccomandazione sulle Linee guida in materia di anticorruzione e integrità nelle imprese statali* [*OCED/LEGAL/0451*].

87. La corruzione danneggia le istituzioni democratiche e il governo delle imprese. Scoraggia gli investimenti e falsa le condizioni della concorrenza internazionale. Al di là dell'impatto economico, la corruzione può avere effetti dannosi, quali, tra l'altro, la compromissione della stabilità globale, la mancata applicazione delle norme ambientali e dei diritti del lavoro o la fornitura di beni scadenti. In particolare, il dirottamento di fondi attraverso pratiche corruttive vanifica i tentativi dei cittadini di raggiungere livelli più elevati di benessere economico, sociale e ambientale. La corruzione colpisce in modo sproporzionato coloro che appartengono a gruppi o popolazioni emarginati o vulnerabili e può acuire le disuguaglianze di genere. Le imprese hanno un ruolo importante da svolgere nella lotta a queste pratiche se, in sede di sviluppo dei meccanismi di controllo e dei programmi tesi a garantire l'etica e la conformità alle norme, tengono in considerazione le forme sovrapposte di discriminazione strutturale legate, tra l'altro, all'etnia, alla razza, al sesso e all'orientamento sessuale.

88. La correttezza, l'integrità e la trasparenza sia nell'ambito pubblico sia in quello privato sono concetti fondamentali nella lotta alla corruzione in ogni sua forma. La comunità imprenditoriale, le organizzazioni non governative e quelle intergovernative dovrebbero tutte cooperare per rafforzare il sostegno pubblico alle misure contro la corruzione e per favorire la trasparenza e la consapevolezza pubblica in merito ai problemi della corruzione. Anche l'adozione di pratiche adeguate di governo dell'impresa è un elemento essenziale per promuovere una cultura etica all'interno delle imprese.

---

[2] La Convenzione anticorruzione dell'OCSE impegna le Parti ad "adottare le misure necessarie affinché la propria legge consideri come illecito penale il fatto di chi intenzionalmente offra, prometta o dia qualsiasi indebito beneficio pecuniario o di altra natura, direttamente o per mezzo di intermediari, ad un pubblico ufficiale straniero, per lui o per un terzo, affinché un ufficiale compia o si astenga dal compiere atti in relazione a doveri d'ufficio, per conseguire o conservare un affare o un altro vantaggio indebito nell'ambito del commercio internazionale". (trad. It. MAECI). I commenti alla convenzione (paragrafo 9) precisano che i "piccoli pagamenti, detti 'di facilitazione', "non costituiscono dei pagamenti 'effettuati allo scopo di ottenere o di mantenere un mercato o altro indebito vantaggio' ai sensi del paragrafo 1 e, di conseguenza, essi non costituiscono un'infrazione a tale disposizione. Tali pagamenti, che sono fatti, in alcuni paesi, per incitare i pubblici ufficiali ad esercitare le proprie funzioni, in particolare quando si tratta di rilasciare un'autorizzazione o un permesso, sono generalmente illeciti nel paese straniero interessato. Gli altri paesi possono e dovrebbero affrontare questo fenomeno corrosivo con misure quali il sostegno del programma di buona gestione degli affari pubblici...". La Raccomandazione dell'OCSE contro la corruzione (sezione XIV.i) raccomanda che i governi "si impegnino a rivedere regolarmente le loro politiche e il loro approccio ai piccoli pagamenti di facilitazione al fine di affrontare efficacemente questo fenomeno".

89. La *Raccomandazione dell'OCSE contro la corruzione*, in particolare, invita i governi firmatari ad incoraggiare le proprie imprese a mettere a punto e adottare adeguati meccanismi di controllo interni, programmi e misure tesi a garantire l'etica e la conformità alle norme, al fine di prevenire e individuare la corruzione transnazionale, tenendo conto della *Guida alle buone pratiche nei controlli interni, nell'etica e nella conformità alle norme*, inclusa come Allegato II nella *Raccomandazione dell'OCSE contro la corruzione*. La *Guida alle buone pratiche* è destinata alle imprese, incluse le imprese di stato, alle organizzazioni imprenditoriali e alle associazioni professionali; essa evidenzia le buone pratiche volte a garantire l'efficacia dei meccanismi di controllo interni, dei programmi e delle misure tesi a garantire l'etica e la conformità alle norme, a prevenire e individuare la corruzione di pubblici ufficiali stranieri, anche in relazione alla protezione degli autori di segnalazioni. Si tratta di uno strumento flessibile, che si adatta ai diversi tipi di impresa, in particolare alle piccole e medie imprese, a seconda delle circostanze specifiche in cui ciascuna si trova, tra cui la dimensione, la tipologia, la struttura giuridica, l'area geografica e il settore industriale di attività, nonché i principi sulla giurisdizione e gli altri principi giuridici fondamentali in base ai quali l'impresa opera. Inoltre, ai fini delle presenti *Linee guida*, i meccanismi di controllo interni, i programmi e le misure tesi a garantire l'etica e la conformità alle norme o le misure relative alla corruzione dovrebbero includere anche lo svolgimento di una due diligence basata sul rischio in linea con le raccomandazioni articolate nel capitolo II.

90. L'azione collettiva e il coinvolgimento significativo, a livello locale e internazionale, delle organizzazioni locali della società civile, delle organizzazioni dei datori di lavoro, delle associazioni professionali e delle organizzazioni internazionali possono inoltre aiutare le imprese a progettare e attuare meglio politiche anticorruzione efficaci, nonché ad attenuare i rischi di corruzione che un'impresa da sola non è in grado di attenuare.

91. La Convenzione delle Nazioni Unite contro la corruzione (UNCAC), entrata in vigore il 14 dicembre 2005, contiene una vasta gamma di parametri, misure e regole per la lotta alla corruzione. Ai sensi di tale Convenzione, gli stati firmatari devono vietare sia ai propri ufficiali di ricevere tangenti, sia alle proprie imprese di corrompere pubblici ufficiali, nazionali, esteri od appartenenti alle organizzazioni pubbliche internazionali, e devono prendere in considerazione la possibilità di impedire la corruzione tra privati. L'UNCAC e la *Convenzione anticorruzione dell'OCSE* si supportano e si completano reciprocamente.

92. Sotto il profilo della "domanda", le buone pratiche di governo d'impresa hanno la loro importanza nell'evitare alle imprese di essere sollecitate al pagamento di tangenti. Tanto i governi dei paesi d'origine quanto quelli dei paesi ospitanti dovrebbero assistere le imprese che affrontano tali fenomeni, sensibilizzare e fornire formazione ai funzionari pubblici competenti, prendere in considerazione la promozione di iniziative di azione collettiva con rappresentanti del settore privato, di quello pubblico, nonché delle organizzazioni della società civile e, ove appropriato, intraprendere azioni coordinate nella lotta alla sollecitazione e all'accettazione di tangenti. *La Guida alle buone pratiche per taluni articoli della convenzione*, in Allegato II alla *Raccomandazione dell'OCSE contro la corruzione*, dichiara che la *Convenzione anticorruzione dell'OCSE* dovrebbe essere attuata in modo da non procurare un argomento difensivo o un'eccezione nel caso in cui il pubblico ufficiale straniero istighi alla corruzione. Inoltre, l'UNCAC richiede che l'istigazione alla corruzione da parte di pubblici ufficiali nazionali sia considerata un illecito penale.

VIII. Interessi dei consumatori

Nelle loro relazioni con i consumatori le imprese dovrebbero improntare a criteri di correttezza lo svolgimento delle pratiche commerciali, pubblicitarie e di marketing, e adottare tutte le misure ragionevoli per garantire la qualità e l'affidabilità dei beni e dei servizi che forniscono. In particolare, dovrebbero:

1. Accertarsi che i beni e i servizi forniti rispettino tutti gli standard convenzionali o imposti dalla legge in materia di salute e sicurezza del consumatore, anche per quanto riguarda le avvertenze relative alla salute e le informazioni per la sicurezza e non rappresentino un rischio irragionevole per la salute o la sicurezza dei consumatori in caso di uso prevedibile, di uso improprio o di cattivo uso prevedibile.
2. Fornire informazioni, esatte, verificabili e chiare, tali da permettere ai consumatori di adottare decisioni consapevoli, incluse le informazioni sui prezzi e, se del caso, sul contenuto, sulla sicurezza nell'utilizzo, sulle caratteristiche ambientali, sulla manutenzione, sullo stoccaggio e sullo smaltimento di beni e servizi, nonché qualsiasi informazione pertinente richiesta dal commercio elettronico (come le informazioni relative alla protezione dei dati personali) e le informazioni sulle opzioni disponibili per la risoluzione delle controversie e per l'adozione di misure rimediali. Queste informazioni dovrebbero essere presentate in forma comprensibile e facilmente accessibile, utilizzando un linguaggio semplice e prestando attenzione alle esigenze di accessibilità dei consumatori con disabilità. Ove possibile, tali informazioni dovrebbero essere fornite in modo da permettere ai consumatori di confrontare i prodotti.
3. Fornire ai consumatori l'accesso a meccanismi extragiudiziali di risoluzione delle controversie e rimediali equi, facili da utilizzare, veloci ed efficaci, senza oneri o costi inutili.
4. Astenersi da qualsiasi dichiarazione, omissione o qualsiasi altra pratica che risulti ingannevole, fuorviante, fraudolenta o sleale, o che altrimenti influenzi la scelta dei consumatori in modo da danneggiare i consumatori stessi o la concorrenza.
5. Supportare gli sforzi per promuovere l'educazione del consumatore nei settori rilevanti delle proprie attività imprenditoriali, al fine, tra l'altro, di migliorare la capacità dei consumatori di: i) adottare decisioni consapevoli per quanto riguarda merci, servizi e mercati complessi, ii) comprendere meglio l'impatto economico, ambientale e sociale delle proprie decisioni e iii) favorire un consumo sostenibile.
6. Tutelare la riservatezza del consumatore garantendo che le pratiche aziendali relative alla raccolta e all'utilizzo dei dati dei consumatori siano lecite, trasparenti ed eque e consentano la partecipazione e la scelta dei consumatori e adottino tutte le misure ragionevoli per assicurare la tutela dei dati personali raccolti, immagazzinati, trattati o divulgati.
7. Cooperare pienamente con le autorità pubbliche nella prevenzione e nella lotta contro le pratiche di marketing abusive o ingannevoli (comprese la pubblicità ingannevole e la frode commerciale) e nella riduzione o rimozione dei rischi seri per la salute e per la sicurezza pubblica che derivino dal consumo, dall'uso o dallo smaltimento dei propri prodotti e servizi.
8. Tenere in debita considerazione, nell'applicazione dei principi di cui sopra, i) le esigenze dei consumatori, soprattutto di quelli che possono trovarsi in una situazione di vulnerabilità o svantaggio e ii) le sfide specifiche che il commercio elettronico può porre ai consumatori.

Commenti al Capitolo VIII: Interessi dei Consumatori

93. Il capitolo sugli interessi dei consumatori si basa sui lavori del Comitato OCSE per la politica sui consumatori e del Comitato OCSE per i mercati finanziari, sui pertinenti standard dell'OCSE in materia di protezione dei consumatori, nonché sui lavori di altre organizzazioni internazionali, incluse la Camera di Commercio Internazionale, l'Organizzazione Internazionale per la Normazione (ISO) e le Nazioni Unite compreso il programma delle Nazioni Unite per l'Ambiente (vale a dire le Linee guida delle Nazioni Unite per la protezione dei consumatori) e altri strumenti pertinenti, tra cui il Codice per la pubblicità e la comunicazione commerciale responsabili della Camera di Commercio Internazionale.

94. Il capitolo riconosce che la soddisfazione del consumatore e gli interessi correlati costituiscono una base fondamentale per la riuscita delle attività imprenditoriali. Riconosce anche le profonde trasformazioni avvenute nel tempo nei mercati dei beni e servizi di consumo. Le riforme normative, la maggior apertura dei mercati a livello mondiale, lo sviluppo di nuove tecnologie che hanno trasformato i servizi digitali e finanziari e la crescita nei servizi per i consumatori sono stati i principali motori del cambiamento, fornendo ai consumatori una maggiore scelta ed altri benefici derivanti da una concorrenza più aperta. Al tempo stesso, la velocità del cambiamento e la crescente complessità di molti mercati hanno reso più difficili per i consumatori il confronto e la valutazione di beni e servizi. Inoltre, anche gli aspetti demografici del consumo sono cambiati nel tempo. I bambini stanno diventando forze di importanza crescente sul mercato, così come le persone anziane, sempre più numerose. Sebbene nel complesso i consumatori siano meglio informati, molti non dispongono ancora delle capacità aritmetiche e del livello di alfabetizzazione indispensabili sui mercati odierni, più complessi e ad elevata intensità di informazione. Inoltre, molti consumatori sono sempre più interessati a conoscere la posizione e le attività delle imprese in un gran numero di settori economici, sociali e ambientali, e ne tengono conto nella scelta di beni e servizi.

95. La premessa richiede alle imprese di usare correttezza nelle pratiche commerciali, pubblicitarie e di marketing, e di garantire la qualità e l'affidabilità dei prodotti forniti. Tali principi, si noti, si applicano sia ai beni sia ai servizi.

96. Il primo paragrafo sottolinea l'importanza dell'adesione delle imprese agli standard in vigore per la salute e la sicurezza, nonché l'importanza di fornire ai consumatori informazioni adeguate circa gli effetti dei loro prodotti sulla salute e sulla sicurezza.

97. Il paragrafo 2 riguarda la divulgazione di informazioni. Sollecita le imprese a fornire ai consumatori informazioni sufficienti a metterli in grado di prendere decisioni consapevoli. Il modo in cui le informazioni sono fornite online dovrebbe essere personalizzato e adattato ai mezzi di accesso del consumatore. Si fa riferimento, in particolare ed ove opportuno, alle informazioni sui rischi finanziari associati ai prodotti. Peraltro, in alcuni casi, alle imprese è imposto per legge di fornire le informazioni in modo da permettere al consumatore di effettuare confronti diretti di beni e servizi (ad esempio, i prezzi unitari). In assenza di una normativa espressa, le imprese sono invitate a presentare le informazioni rivolte ai consumatori in modo da favorire i confronti tra beni e servizi, permettendo loro di determinare con facilità il costo totale di un prodotto. Si noti che ciò che viene considerato "sufficiente" può variare nel tempo e le imprese devono essere in grado di rispondere a tali cambiamenti. Tutte le dichiarazioni fatte dalle imprese in relazione ai loro prodotti e alle questioni sociali o ambientali dovrebbero essere basate su prove adeguate e, a seconda dei casi, su test e verifiche appropriati. Queste dichiarazioni potrebbero riguardare tanto il metodo di produzione di un prodotto o servizio quanto le sue caratteristiche. Dato il crescente interesse dei consumatori per le questioni ambientali e sociali e per il consumo sostenibile, a seconda dei casi, dovrebbero essere fornite informazioni relative alle caratteristiche ambientali e sociali dei prodotti e dei servizi. Ciò potrebbe includere informazioni sull'efficienza energetica e sul grado di riciclabilità, durabilità e riparabilità dei prodotti, sulle caratteristiche di prodotti e servizi finanziari in termini di sostenibilità o, ad esempio, nel caso di prodotti alimentari, informazioni sulle pratiche agricole utilizzate o sui valori nutrizionali.

98. La condotta dell'impresa è tenuta in considerazione sempre maggiore dai consumatori nelle decisioni di acquisto. Le imprese sono quindi invitate a rendere disponibili le informazioni sulle iniziative intraprese per integrare le questioni sociali e ambientali nelle proprie attività imprenditoriali e per supportare in vari modi il consumo sostenibile. Il capitolo III delle *Linee guida* sulla divulgazione di informazioni è significativo a questo proposito. Le imprese sono ivi incoraggiate a pubblicare delle dichiarazioni sui propri valori o sulle proprie pratiche commerciali comprese le informazioni sulle politiche sociali, etiche e ambientali dell'impresa e sugli altri codici di condotta sottoscritti. Le imprese sono invitate a rendere queste informazioni disponibili in un linguaggio semplice e a garantire l'esattezza di tutte le dichiarazioni relative alle loro prestazioni ambientali e sociali. Sarebbe auspicabile che un numero crescente di imprese pubblicasse relazioni in queste aree e adeguasse le informazioni ai consumatori.

99. Il paragrafo 3 del capitolo rispecchia le espressioni usate nella *Raccomandazione sulla risoluzione delle controversie ed il risarcimento del consumatore [OECD/LEGAL/0356]*. La Raccomandazione stabilisce un quadro per la messa a punto di metodi efficaci di gestione dei reclami dei consumatori, che comprende una serie di misure che l'industria può adottare all'uopo. Occorre notare che i meccanismi creati da molte imprese per risolvere le controversie in materia di consumo hanno contribuito ad aumentare la fiducia e la soddisfazione dei consumatori. Tali meccanismi possono portare a soluzioni che, in molti casi, risultano essere più praticabili del ricorso alla giustizia ordinaria, il quale rischia di essere costoso, complesso e molto lungo per tutte le parti coinvolte. Affinché questi meccanismi extragiudiziali siano efficaci, tuttavia, i consumatori devono essere a conoscenza della loro esistenza e sarebbe auspicabile che ricevessero istruzioni sulle modalità per presentare reclamo, in particolare quando tale reclamo sia relativo a transazioni transfrontaliere o multidimensionali.

100. Il paragrafo 4 concerne le pratiche commerciali ingannevoli, fuorvianti, fraudolente o sleali in genere. Tali pratiche possono distorcere i mercati a spese sia dei consumatori sia delle imprese responsabili e devono quindi essere evitate.

101. Il paragrafo 5 riguarda l'educazione del consumatore, che ha assunto un'importanza sempre maggiore al crescere della complessità di molti mercati e prodotti. I governi, le organizzazioni dei consumatori e molte imprese hanno riconosciuto che si tratta di una responsabilità condivisa e di avere un ruolo importante da svolgere a tale proposito. Le difficoltà incontrate dai consumatori nella valutazione di prodotti complessi nel settore finanziario e in altri settori hanno evidenziato l'importanza della collaborazione tra tutti gli stakeholder per promuovere un'educazione mirata a rendere più consapevoli le decisioni dei consumatori.

102. Il paragrafo 6 tratta dei dati personali. La crescita della raccolta e dell'utilizzo dei dati personali da parte delle imprese può comportare notevoli rischi per la privacy e il benessere dei consumatori. La protezione dei dati personali dei consumatori, anche in termini di sicurezza dei dati, è quindi particolarmente importante.

103. Nel paragrafo 7 viene sottolineata l'importanza della collaborazione tra imprese e autorità pubbliche al fine di prevenire e combattere più efficacemente le pratiche commerciali ingannevoli. La cooperazione è anche necessaria per ridurre o prevenire i rischi per la salute e per la sicurezza pubblica, nonché per l'ambiente, ivi inclusi i rischi correlati allo smaltimento dei beni e al loro uso e consumo. Viene così riconosciuta l'importanza di considerare e gestire i rischi per la sicurezza dei prodotti lungo tutto il loro ciclo di vita, in particolare nelle fasi di progettazione, fabbricazione, distribuzione, uso e smaltimento.

104. Il paragrafo 8 richiede alle imprese di tenere conto delle situazioni dei consumatori vulnerabili o svantaggiati nella commercializzazione dei propri beni e servizi. Con "consumatori vulnerabili o svantaggiati" ci si riferisce a particolari consumatori o categorie di consumatori che, a causa di caratteristiche o circostanze personali (come l'età, la capacità fisica o mentale, il livello di istruzione, il reddito, la lingua o la posizione remota), possono incontrare particolari difficoltà sui mercati odierni, globalizzati e ad elevata intensità di informazione. Il paragrafo sottolinea, inoltre, l'importanza crescente del commercio mobile e di altre forme di commercio elettronico nei mercati globali. I benefici procurati da

tali tipi di commercio sono notevoli e in continuo aumento. Tuttavia, ci sono anche rischi di danni per i consumatori. I governi hanno dedicato un tempo considerevole ad esaminare i modi per garantire che, nel commercio elettronico, il livello di trasparenza ed efficacia della tutela dei consumatori, sia pari a quello assicurato nelle forme di commercio più tradizionali. È, quindi, importante che le imprese prendano provvedimenti per ridurre i rischi connessi al commercio elettronico in modo che il livello di protezione non sia inferiore a quello fornito nelle forme più tradizionali di commercio.

IX. Scienza, tecnologia e innovazione

La ricerca scientifica e l'innovazione tecnologica hanno portato a un miglioramento della produttività in tutti i settori e danno alle imprese la capacità di esercitare la due diligence e di contribuire allo sviluppo sostenibile. Le imprese dovrebbero, se del caso, partecipare allo sviluppo delle capacità di innovazione a livello locale e nazionale. In relazione allo sviluppo, al finanziamento, alla vendita, alla concessione in licenza, al commercio e all'uso della tecnologia, compresa la raccolta e l'uso dei dati, nonché alla ricerca scientifica e all'innovazione, le imprese dovrebbero osservare le *Linee guida* e rispettare le leggi e i requisiti nazionali applicabili, compresi i requisiti di privacy e protezione dei dati e le normative sul controllo delle esportazioni. In particolare, le imprese dovrebbero:

1. Esercitare la due diligence basata sul rischio, come descritto nel capitolo II, in relazione agli impatti negativi effettivi e impatti negativi reali e potenziali legati a scienza, tecnologia e innovazione.
2. Adottare, ove possibile nell'ambito delle loro attività commerciali, pratiche che consentano il trasferimento di tecnologia e know-how in modo volontario, sicuro, protetto ed efficiente ed a condizioni fissate di comune accordo, nonché migliorare l'accesso ai dati e la loro condivisione per promuovere la scoperta scientifica e l'innovazione, nel rispetto della protezione dei diritti di proprietà intellettuale, degli obblighi di riservatezza, della protezione della privacy e dei dati personali, del controllo delle esportazioni e dei principi di non discriminazione.
3. Svolgere, se del caso, attività di sviluppo scientifico e tecnologico nei paesi ospitanti, per rispondere ai bisogni del mercato locale, nonché assumere personale locale nello svolgimento delle attività di sviluppo scientifico e tecnologico e incoraggiare e sostenere la loro formazione, tenendo conto dell'integrità, della sicurezza e delle esigenze commerciali.
4. Nel concedere licenze per l'uso di diritti di proprietà intellettuale o nell'effettuare altrimenti il trasferimento volontario di tecnologia, basarsi su termini e condizioni fissati di comune accordo, con adeguate garanzie per prevenirne e mitigarne gli impatti negativi, e in modo che contribuiscano alle prospettive di sviluppo sostenibile a lungo termine del paese ospitante, in conformità con le normative sul controllo delle esportazioni.
5. Ove attinente agli obiettivi commerciali, sviluppare legami con istituti di istruzione superiore e istituti pubblici di ricerca a livello locale e partecipare a progetti di ricerca in collaborazione con imprese locali o associazioni professionali, comprese piccole e medie imprese ed organizzazioni della società civile. Questa cooperazione dovrebbe tenere conto di un'efficace gestione del rischio, delle questioni etiche, dei problemi di sicurezza nazionale, delle leggi applicabili e delle considerazioni degli stakeholder. Dovrebbe inoltre riconoscere il valore della scienza aperta e rispettare le garanzie necessarie per preservare la libertà accademica e l'autonomia della ricerca e della scienza.
6. Migliorare la trasparenza delle modalità di accesso e condivisione dei dati in fase di raccolta, condivisione e utilizzo e incoraggiare, durante l'intero ciclo di vita dei dati, l'adozione di pratiche responsabili di governo dei dati che rispettino gli standard e gli obblighi applicabili ampiamente riconosciuti e accettati dagli Aderenti alle *Linee guida*, ivi inclusi codici di condotta, principi etici e regole relative alla manipolazione e alla coercizione dei consumatori, norme sulla protezione della privacy e dei dati.
7. Sostenere, se del caso, a seconda delle circostanze, gli sforzi di cooperazione nelle sedi appropriate per promuovere un Internet aperto, libero, globale, interoperabile, affidabile,

accessibile, conveniente, sicuro e resiliente, anche attraverso il rispetto delle libertà di espressione, riunione pacifica e associazione online e in conformità con le tematiche trattate dalle *Linee guida*.

Commenti al Capitolo IX: Scienza, tecnologia e innovazione

105. Lo sviluppo, la concessione di licenze, la vendita, il commercio e l'uso della tecnologia hanno un profondo impatto sulle questioni trattate dalle *Linee guida*, tra cui lo sviluppo sostenibile, i diritti umani, la partecipazione economica, la qualità della democrazia, la coesione sociale, il cambiamento climatico, il panorama globale del lavoro e delle imprese e le dinamiche di mercato. La ricerca scientifica e l'innovazione tecnologica hanno stimolato la produttività in tutti i settori, nonché la capacità delle imprese di condurre la due diligence e contribuire allo sviluppo sostenibile, ma possono anche essere associate a sfide e impatti negativi.

106. In considerazione della natura evolutiva di questa materia e del fatto che essa tocca molte questioni, l'ambito di questo capitolo deve essere ampio e inclusivo per garantire la sua continua pertinenza rispetto ai rischi associati ai futuri sviluppi della scienza, della tecnologia e dell'innovazione.

107. In un'economia globalizzata e fondata sulla conoscenza, la possibilità di accedere alle tecnologie e al know-how e di utilizzarli è essenziale per migliorare le prestazioni aziendali. Tale accesso è anche importante perché si verifichino gli effetti macroeconomici del progresso tecnologico, in particolare la crescita della produttività e la creazione di posti di lavoro, nel contesto dello sviluppo sostenibile[5]. Le imprese multinazionali sono un importante veicolo di trasferimento tecnologico transfrontaliero. Esse possono contribuire alla capacità nazionale d'innovazione dei paesi ospitanti, producendo, diffondendo e anche facilitando l'impiego delle nuove tecnologie nelle imprese e nelle istituzioni nazionali. Le attività di ricerca e sviluppo delle imprese multinazionali e gli investimenti in nuove tecnologie, quando sono collegate adeguatamente al sistema nazionale d'innovazione, possono contribuire ad accrescere il progresso economico e sociale dei paesi ospitanti. A sua volta, la creazione di un sistema d'innovazione dinamico nel paese ospitante aumenta le opportunità commerciali delle imprese multinazionali.

108. Il capitolo si propone quindi di favorire la diffusione, da parte delle imprese multinazionali, dei frutti delle attività di ricerca e sviluppo tra i paesi in cui operano, contribuendo così alle capacità innovative dei paesi ospitanti, nei limiti imposti da esigenze di fattibilità economica e competitività, e in linea con gli obblighi in materia di privacy, protezione dei dati, sicurezza, protezione della proprietà intellettuale e riservatezza. A questo proposito, la promozione della diffusione della tecnologia può includere la commercializzazione di prodotti e servizi che incorporano nuove tecnologie, la concessione in licenza di innovazioni di processo, l'assunzione e la formazione di personale scientifico e tecnologico e il ricorso ad iniziative di cooperazione in materia di ricerca e sviluppo. Quando si vende o si concede in licenza la tecnologia, non solo dovrebbero essere fissati di comune accordo i termini e le condizioni negoziate, ma le imprese multinazionali dovrebbero considerare gli impatti a lungo termine della tecnologia sullo sviluppo, sull'ambiente e sulla società. Nelle loro attività, le imprese multinazionali possono stabilire e migliorare la capacità innovativa delle proprie filiali internazionali, dei subappaltatori e delle altre entità con cui hanno rapporti d'affari. Inoltre, le imprese multinazionali possono richiamare l'attenzione sull'importanza delle infrastrutture scientifiche e tecnologiche locali, sia fisiche che istituzionali. A questo proposito, le imprese multinazionali possono utilmente contribuire alla formulazione da parte dei governi dei paesi ospitanti di quadri politici favorevoli allo sviluppo di sistemi dinamici di innovazione.

---

[5]. Il paragrafo 7 non pregiudica le posizioni assunte dai governi nel settore del commercio elettronico in seno all'Organizzazione mondiale del commercio (OMC). Non si intende trascurare altri importanti interessi di ordine pubblico che potrebbero riguardare l'uso di Internet e che dovrebbero essere presi in considerazione. A questo proposito alcuni paesi hanno fatto riferimento all'Agenda di Tunisi per la Società dell'Informazione del 2005.

109. La scienza è qui intesa come comprendente, tra le altre questioni, la ricerca e l'esplorazione. Per tecnologia si intende qui la tecnologia digitale, la tecnologia non digitale e i servizi digitali, nonché gli ecosistemi digitali che ne facilitano lo sviluppo e l'utilizzo. L'innovazione è qui intesa come il processo di sviluppo di un prodotto, servizio o processo nuovo o migliorato con l'intento di renderlo disponibile a potenziali utenti o di metterlo in uso da parte dell'impresa.

110. Come nelle pertinenti Raccomandazioni dell'OCSE, per dati qui si intende fare riferimento a informazioni registrate in formati strutturati o non strutturati, inclusi testo, immagini, suoni e video. L'innovazione basata sui dati e la scienza ad alta intensità di dati si rivelano assai promettenti per affrontare le grandi sfide della società. Le iniziative di scienza aperta e l'accesso ai dati hanno avuto effetti di vasta portata sulla riproducibilità dei risultati scientifici, sulla diffusione della conoscenza nella società, sulla cooperazione interdisciplinare, sull'efficienza delle risorse, sulla produttività e sulla competitività. I flussi transfrontalieri di dati sono fondamentali per sostenere il commercio internazionale, lo scambio di informazioni e conoscenze, per colmare il divario digitale, nonché lo sviluppo sostenibile. Il paragrafo 2 rafforza questi vantaggi, ma riconosce anche i rischi di furto, di condivisione e di uso irresponsabile dei dati, che possono minare la privacy individuale e comportare potenziali rischi per la sicurezza nazionale. Le imprese che operano nell'ecosistema dei dati, compresi i titolari di dati, i produttori di dati e gli intermediari di dati, così come definiti nella *Raccomandazione sul miglioramento dell'accesso e della condivisione dei dati [OECD/LEGAL/0463]*, sono incoraggiate a prendere in considerazione le raccomandazioni sull'accesso, la condivisione e l'uso responsabili dei dati, come delineati nella suddetta Raccomandazione, che mira a garantire l'attuazione di misure di gestione del rischio durante l'intero ciclo di vita dei dati, comprese le misure necessarie per proteggere la riservatezza, l'integrità, la sicurezza e la disponibilità dei dati, in particolare nel contesto della gestione di dati biologici come il DNA e quando si divulgano dati alle forze dell'ordine e ad altre agenzie governative.

111. Le aspettative nei confronti delle imprese formulate nel paragrafo 4 devono essere proporzionate, per evitare termini e condizioni che producano conseguenze indesiderate. Le imprese dovrebbero inoltre adoperarsi per identificare le situazioni in cui alcuni attori potrebbero cercare di trarre vantaggio dal trasferimento di tecnologia per abusare della tecnologia ad uso civile.

112. In linea con il capitolo II, la natura e la portata della due diligence per gli impatti negativi relativi alla scienza, alla tecnologia e all'innovazione dipendono dalle circostanze specifiche di ciascuna situazione ed implicano una definizione delle priorità basata sul rischio. Ciò comporta anche che si tenga conto di circostanze note o ragionevolmente prevedibili relative all'uso del prodotto o del servizio fornito in conformità con la sua destinazione d'uso, o in condizioni di uso improprio, ovvero di uso improprio ragionevolmente prevedibile, che possono dar luogo ad impatti negativi.

113. Le imprese coinvolte nello sviluppo di nuove tecnologie o nuove applicazioni di strumenti esistenti dovrebbero anticipare nella misura del possibile e, se del caso, affrontare le sfide etiche, giuridiche, lavoristiche, sociali e ambientali poste dalle nuove tecnologie, promuovendo nel contempo l'innovazione responsabile e impegnandosi nel dialogo e nella condivisione delle informazioni con le autorità di regolamentazione locali e con i rappresentanti dei lavoratori. In aggiunta e con il sostegno dell'attuazione delle raccomandazioni delle *Linee guida*, le imprese sono incoraggiate a prendere in considerazione le guide disponibili in merito a processi di innovazione, compresi i pertinenti standard OCSE nei settori dell'intelligenza artificiale e delle neurotecnologie, tra cui la *Raccomandazione sull'Intelligenza Artificiale [OECD/LEGAL/0449]* e la *Raccomandazione sull'innovazione responsabile nelle neurotecnologie [OECD/LEGAL/0457]*.

114. La sicurezza digitale è una responsabilità condivisa da tutti gli stakeholder, comprese le imprese, i clienti e i governi. Gli incidenti in ambito di sicurezza digitale, come l'accesso non autorizzato a sistemi o software, la compromissione di account, la perdita o il furto di dati o le interferenze con le risorse informatiche, possono danneggiare imprese, governi e individui compromettendo la disponibilità, l'integrità e/o la riservatezza dei loro dati, dei loro sistemi informatici e delle loro reti. Le imprese dovrebbero gestire

i rischi per la sicurezza digitale in modo coerente con gli altri capitoli delle *Linee guida*. I principi di privacy by design, l'uso di crittografia avanzata, i protocolli di gestione delle autorizzazioni e degli accessi e altre best practice possono ridurre le minacce e mitigare i danni. Le imprese dovrebbero inoltre tener conto dei pertinenti standard OCSE in materia di dati.

115. In tutte le attività riguardanti la partecipazione o il coinvolgimento di bambini e giovani nell'ambiente digitale, le imprese dovrebbero tenere conto, se del caso, dell'interesse superiore del bambino come considerazione primaria e, nell'ambito della due diligence, individuare come i diritti dei bambini e dei giovani possano essere rispettati e il benessere dei bambini e dei giovani possa essere protetto e promosso nell'ambiente digitale ed adottare misure adeguate a tale fine, in linea con la *Raccomandazione sui bambini nell'ambiente digitale [OECD/LEGAL/0389]* e le *Linee guida OCSE per i fornitori di servizi digitali.*

X. Concorrenza

Le imprese dovrebbero:

1. Svolgere le proprie attività in modo coerente con tutte le leggi e i regolamenti sulla concorrenza applicabili, tenendo conto delle leggi sulla concorrenza di tutte le giurisdizioni in cui le attività possono avere effetti anticoncorrenziali.

2. Astenersi dal concludere o eseguire accordi anticoncorrenziali tra concorrenti, compresi gli accordi per:

   a) fissare i prezzi;
   b) effettuare offerte truccate (appalti collusivi);
   c) stabilire limiti o quote di produzione; o
   d) ripartire o dividere i mercati mediante l'assegnazione di clienti, fornitori, territori o linee di commercio.

3. Cooperare con le autorità garanti della concorrenza, tra l'altro e fatte salve le leggi applicabili e adeguate garanzie, fornendo risposte il più possibile rapide e complete alle richieste di informazioni e prendendo in considerazione l'uso degli strumenti disponibili, come le rinunce alla riservatezza, se del caso, promuovere una cooperazione efficace ed efficiente tra le autorità investigative.

4. Promuovere regolarmente la consapevolezza dei dipendenti dell'importanza del rispetto di tutte le leggi e regolamenti applicabili in materia di concorrenza e, in particolare, formare l'alta dirigenza dell'impresa in relazione alle questioni di concorrenza.

Commenti al Capitolo X: Concorrenza

116. Queste raccomandazioni sottolineano l'importanza della normativa e dei regolamenti sulla concorrenza per il buon funzionamento dei mercati nazionali e internazionali, e riaffermano l'importanza del rispetto di tali normative e regolamenti da parte delle imprese nazionali e multinazionali. Esse mirano anche a garantire che tutte le imprese siano consapevoli degli sviluppi relativi alla portata, ai rimedi e alle sanzioni delle normative sulla concorrenza oltre che il livello di cooperazione tra le autorità preposte al suo controllo. Il termine diritto "della concorrenza" si riferisce al complesso delle regolamentazioni "antitrust" e "antimonopolistiche" che vietano in vario modo: a) gli accordi contrari alla concorrenza, b) l'abuso di un potere di mercato o di una posizione dominante, c) l'acquisizione di un potere di mercato o di una posizione dominante per vie diverse da quelle dell'efficienza imprenditoriale, d) la riduzione significativa della concorrenza o gli ostacoli significativi a un'effettiva concorrenza tramite fusioni o acquisizioni.

117. In via generale, la normativa e la politica della concorrenza vietano: a) le intese ingiustificabili (i cosiddetti cartelli), b) gli altri accordi ritenuti anticoncorrenziali, c) le pratiche anticoncorrenziali che sfruttano o rafforzano una posizione dominante o un potere di mercato, d) le fusioni o acquisizioni anticoncorrenziali. Ai sensi della *Raccomandazione del consiglio concernente un'azione efficace contro le intese ingiustificabili,* [OECD/LEGAL/0452], gli accordi anticoncorrenziali di cui alla sezione a) costituiscono intese ingiustificabili, ma la raccomandazione tiene conto delle differenze esistenti nelle regolamentazioni dei paesi aderenti, in particolare delle differenze tra i vari regimi di esenzione o tra le

disposizioni che autorizzano o consentono eccezioni per attività altrimenti vietate. Le raccomandazioni delle *Linee guida* non vanno interpretate nel senso che le imprese non debbano valersi di tali esenzioni o eccezioni. Le categorie di cui alla sezione b) e c) hanno carattere più generale perché gli effetti che gli altri tipi di accordo o di pratiche unilaterali hanno sulla concorrenza sono più incerti e vi è minor consenso su che cosa debba essere considerato anticoncorrenziale.

118. L'obiettivo della politica della concorrenza è contribuire al benessere sociale complessivo e alla crescita economica, creando e preservando condizioni di mercato nelle quali la natura, la qualità e il prezzo dei beni e dei servizi siano determinati dai meccanismi concorrenziali del mercato stesso. Oltre ad avvantaggiare i consumatori e l'economia complessiva di un paese, un tale ambiente concorrenziale premia le imprese che rispondono efficacemente alla domanda dei consumatori. Le imprese possono contribuire a tale processo dispensando informazioni e consigli ai governi in procinto di adottare leggi e politiche capaci di ridurne l'efficienza o di pregiudicare, in qualche modo, la concorrenza nei mercati.

119. Le imprese dovrebbero essere consapevoli del fatto che i paesi che adottano una regolamentazione della concorrenza sono sempre più numerosi e che, sempre più spesso, tale regolamentazione vieta anche le attività anticoncorrenziali compiute all'estero, laddove esse rechino pregiudizio ai consumatori nazionali. Inoltre, la crescita del commercio e degli investimenti transfrontalieri aumenta le probabilità che una pratica anticoncorrenziale attuata in un paese abbia effetti pregiudizievoli anche in altri. Le imprese dovrebbero, pertanto, tener conto sia della regolamentazione del paese in cui operano sia di quelle di tutti i paesi che potrebbero risentire delle loro attività.

120. Infine, le imprese dovrebbero riconoscere che le autorità per la concorrenza cooperano sempre più strettamente tra di loro nella lotta alle pratiche anticoncorrenziali e nelle relative inchieste. In proposito si vedano, in generale, i pertinenti standard dell'OCSE in materia di concorrenza. Quando le autorità per la concorrenza appartenenti a diversi paesi esaminano il medesimo comportamento, il fatto che le imprese facilitino la cooperazione tra queste autorità contribuisce all'assunzione di decisioni coerenti ed equilibrate e all'adozione di rimedi competitivi, riducendo nello stesso tempo i costi per i governi e le imprese.

121. Sebbene le imprese e le iniziative di collaborazione a cui partecipano debbano adottare misure proattive per comprendere le questioni relative al diritto della concorrenza nelle rispettive giurisdizioni ed evitare attività che potrebbero costituire una violazione del diritto della concorrenza, iniziative di condotta responsabile d'impresa credibili non sono intrinsecamente in conflitto con gli obiettivi del diritto della concorrenza e la collaborazione in tali iniziative generalmente non costituisce violazione delle leggi sulla concorrenza.

122. A seconda del contesto nazionale, le imprese possono essere soggette al diritto della concorrenza quando acquistano forza lavoro dai lavoratori allo stesso modo di quando acquistano altri beni e servizi. In questi casi, possono essere imposte sanzioni severe nel caso di accordo tra datori di lavoro sulla fissazione dei salari e sulle pratiche di assunzione (come accordi di non bracconaggio e non assunzione). Le imprese dovrebbero pertanto assicurarsi di rispettare le leggi applicabili nelle loro politiche di assunzione e occupazione e quando pianificano fusioni e acquisizioni.

XI. Fiscalità

1. È importante che le imprese contribuiscano alle finanze pubbliche dei paesi ospitanti effettuando tempestivamente il pagamento dei propri debiti tributari. In particolare, le imprese dovrebbero rispettare sia la lettera che lo spirito delle leggi e dei regolamenti fiscali dei paesi in cui operano. Rispettare lo spirito della legge significa discernere e seguire l'intenzione del legislatore. Non richiede che un'impresa effettui pagamenti superiori all'importo legalmente richiesto ai sensi di tale interpretazione. La conformità fiscale include misure quali la fornitura alle autorità competenti di informazioni tempestive rilevanti o richieste dalla legge ai fini della corretta determinazione delle imposte da valutare in relazione alle loro operazioni e la conformità delle pratiche di determinazione dei prezzi di trasferimento al principio di libera concorrenza.
2. Le imprese dovrebbero considerare la governance fiscale e la conformità fiscale come elementi importanti dei loro sistemi di supervisione e di gestione del rischio più ampi. In particolare, i consigli di amministrazione dovrebbero adottare strategie di gestione del rischio fiscale per garantire che i rischi finanziari, normativi e reputazionali associati alla tassazione siano pienamente identificati e valutati.

Commenti Al Capitolo XI: Fiscalità

123. Un comportamento responsabile in campo fiscale implica che le imprese rispettino sia la lettera sia lo spirito delle leggi e dei regolamenti fiscali di tutti i paesi nei quali esercitano le proprie attività, cooperino con le autorità e mettano a loro disposizione le informazioni necessarie o richieste per legge. Un'impresa si comporta in conformità con lo spirito delle leggi e dei regolamenti fiscali se adotta misure ragionevoli per determinare quale sia l'intenzione del legislatore e interpreta le norme fiscali in coerenza con tale intenzione, alla luce del dato testuale e della giurisprudenza contemporanea rilevante. Le transazioni non dovrebbero essere strutturate in modo da determinare dei risultati fiscali incompatibili con le conseguenze economiche delle transazioni stesse, salvo che esista una normativa specifica destinata a produrre tale risultato. In tal caso, l'impresa dovrebbe ragionevolmente ritenere che la transazione sia strutturata in modo da generare per l'impresa stessa oneri fiscali non contrari alle intenzioni del legislatore.

124. Gli adempimenti fiscali implicano, inoltre, che si cooperi con le autorità fiscali, mettendo a loro disposizione le informazioni necessarie per assicurare un'applicazione efficace ed equa delle leggi fiscali. Tale cooperazione comporterebbe che si risponda in maniera tempestiva e completa alle richieste di informazioni avanzate dalle autorità competenti in virtù di trattati fiscali o di accordi per lo scambio di informazioni. Tuttavia, tale onere informativo non è senza limiti. In particolare, le *Linee guida* definiscono un legame tra le informazioni che dovrebbero essere fornite e la loro pertinenza con le norme fiscali applicabili. Si risponde così all'esigenza di contemperare i vincoli imposti alle attività dell'impresa dalle norme fiscali applicabili con l'esigenza delle autorità fiscali di disporre di informazioni complete, tempestive ed esatte che permettano loro di applicare le norme fiscali di propria competenza.

125. Gli impegni delle imprese in materia di cooperazione, trasparenza e adempimenti fiscali dovrebbero riflettersi in sistemi, strutture e politiche per la gestione del rischio. Nel caso delle imprese legalmente costituite in forma di società, i consigli di amministrazione sono in grado di controllare il rischio fiscale in vari modi. Ad esempio, essi dovrebbero sviluppare proattivamente opportuni principi di politica

fiscale, nonché istituire sistemi interni di controllo fiscale in modo che le azioni degli amministratori siano coerenti con il punto di vista del consiglio di amministrazione in merito. Il consiglio di amministrazione dovrebbe essere informato di tutti i potenziali rischi fiscali importanti e dovrebbero essere attribuite le responsabilità per l'esercizio delle funzioni di controllo fiscale interno e di rendicontazione al consiglio stesso. Una strategia globale di gestione del rischio, che comprenda gli aspetti fiscali, permette all'impresa non solo di esercitare la propria cittadinanza d'impresa ma anche di gestire il rischio in modo efficace, contribuendo ad evitare all'impresa gravi rischi finanziari, legali e di reputazione.

126. La trasparenza fiscale supporta l'integrità del sistema fiscale di un paese ed è un modo importante per garantire e dimostrare che le imprese rispettano sia la lettera che lo spirito delle leggi fiscali. Il membro di un gruppo multinazionale insediato in un paese può avere relazioni economiche estese con altri membri dello stesso gruppo, insediati in altri paesi. Questi legami possono avere incidenza sugli obblighi fiscali di ciascuna delle parti. Di conseguenza, le autorità fiscali possono avere bisogno di informazioni provenienti dall'estero per valutare questi legami e determinare l'imposta dovuta dal membro del gruppo multinazionale sul loro territorio. Anche in questo caso, le informazioni che devono essere fornite sono esclusivamente quelle indispensabili o richieste per legge al fine di determinare correttamente l'imposta dovuta dal membro del gruppo multinazionale alla luce dei suddetti legami economici. Le imprese multinazionali dovrebbero cooperare nel fornire tali informazioni. Numerose azioni del progetto *OCSE/G20 Inclusive Framework on Base Erosion and Profit Shifting (BEPS)* mirano a migliorare la trasparenza, come la preparazione e lo scambio di rapporti paese per paese (BEPS Azione 13), lo scambio spontaneo obbligatorio di informazioni pertinenti sulle decisioni specifiche riguardanti contribuenti (BEPS Azione 5) e le norme di divulgazione obbligatoria relative agli schemi di pianificazione fiscale aggressiva (BEPS Azione 12).

127. Un altro banco di prova del comportamento responsabile delle imprese nel campo della fiscalità è quello dei prezzi di trasferimento. La spettacolare espansione del commercio mondiale e degli investimenti diretti transfrontalieri (e il ruolo di primo piano che vi svolgono le imprese multinazionali) ha comportato che i prezzi di trasferimento tendano, oggi, a essere un fattore determinante degli obblighi fiscali dei membri di un gruppo multinazionale, poiché hanno un'influenza sostanziale sulla ripartizione della base imponibile tra i paesi in cui l'impresa multinazionale opera. Il principio di libera concorrenza delle parti contemplato sia nella convenzione OCSE sul modello fiscale sia nella convenzione ONU contro la doppia imposizione tra paesi sviluppati e paesi in via di sviluppo, è la misura internazionale utilizzata per la ripartizione degli utili tra le imprese associate. L'applicazione del principio di libera concorrenza impedisce lo spostamento illecito di utili o perdite e minimizza il rischio di doppia imposizione. L'applicazione corretta di tale principio richiede che l'impresa multinazionale cooperi con le autorità fiscali e fornisca tutte le informazioni rilevanti o richieste per legge in merito alla scelta del metodo per la definizione dei prezzi di trasferimento applicati alle transazioni internazionali intraprese dalla stessa e dalla parte associata. Si riconosce che, spesso, è difficile per le multinazionali e per le amministrazioni fiscali decidere se i prezzi di trasferimento siano conformi al principio di libera concorrenza e che l'applicazione di tale principio non è una scienza esatta.

128. Il Comitato per gli affari fiscali dell'OCSE lavora di continuo alla messa a punto di raccomandazioni volte a garantire la conformità di tali prezzi di trasferimento al principio di libera concorrenza. I suoi lavori hanno dato luogo alla pubblicazione, nel 1995, delle *Direttive dell'OCSE applicabili in materia di prezzi di trasferimento destinate alle imprese multinazionali e alle amministrazioni fiscali* che, a loro volta, sono oggetto della *Raccomandazione del Consiglio dell'OCSE sulla determinazione dei prezzi di trasferimento tra imprese associate* [OECD/LEGAL/0279] (i membri di un gruppo multinazionale rispondono normalmente alla definizione di imprese associate). Le *Direttive dell'OCSE sui prezzi di trasferimento* e la Raccomandazione del Consiglio dell'OCSE sono aggiornate di continuo in aderenza ai cambiamenti dell'economia globale ed alle esperienze delle amministrazioni fiscali e dei contribuenti in merito ai prezzi di trasferimento. È importante sottolineare che la Raccomandazione del Consiglio è stata rivista nel 2017 per dar conto dell'appoggio del Consiglio al pacchetto BEPS, per incrementare l'impatto e la rilevanza

delle *Linee guida* sui prezzi di trasferimento al di fuori dei Paesi OCSE e per fornire maggiore chiarezza e certezza giuridica ai governi e ai contribuenti sullo stato delle future revisioni delle *Linee guida* sui prezzi di trasferimento, promuovendone la tempestiva attuazione. Il principio di libera concorrenza, applicato all'attribuzione di utili di organizzazioni stabili al fine della determinazione dei diritti d'imposta di uno stato ospitante in virtù di un trattato in materia fiscale, è stato oggetto di una raccomandazione del consiglio dell'OCSE adottata nel 2008.

129. Le *direttive dell'OCSE sui prezzi di trasferimento* concernono l'applicazione del principio di libera concorrenza nella determinazione dei prezzi di trasferimento delle imprese associate. Esse mirano ad aiutare le amministrazioni fiscali (tanto dei paesi aderenti all'OCSE quanto dei paesi non aderenti) e le imprese multinazionali, indicando soluzioni soddisfacenti per entrambi in caso di prezzi di trasferimento, così da ridurre le controversie tra le amministrazioni fiscali e tra queste e le imprese multinazionali ed evitare, in questo modo, costosi processi. Le imprese multinazionali sono invitate a conformarsi alle direttive dell'OCSE in materia di prezzi di trasferimento, così come rivedute e integrate, affinché i loro prezzi di trasferimento rispettino il principio di libera concorrenza.

130. La coerenza e l'uniformità dell'architettura fiscale internazionale che si applica ai gruppi di imprese multinazionali è stata rafforzata in modo più ampio attraverso il progetto OCSE/G20 sul BEPS. In particolare, la *Convenzione multilaterale per l'attuazione delle misure relative ai trattati fiscali per prevenire l'erosione della base imponibile e il trasferimento degli utili [OECD/LEGAL/0432]* agevola l'attuazione di una serie di misure volte a contrastare l'evasione fiscale e migliorare la coerenza delle norme fiscali internazionali, tra cui gli standard minimi per evitare l'utilizzo abusivo dei trattati e migliorare la risoluzione delle controversie. Il successo di questo sistema dipende da una rete di relazioni positive, cooperazione e reciprocità.

Parte II: Procedure di attuazione delle *Linee guida* OCSE per le Imprese multinazionali sulla condotta responsabile d'impresa

Decisione del Consiglio sulle *Linee guida* per le imprese multinazionali sulla condotta responsabile d'impresa

IL CONSIGLIO,

VISTO l'articolo 5 (a) della *Convenzione sull'Organizzazione per la cooperazione e lo sviluppo economico* del 14 dicembre 1960;

VISTA la *Dichiarazione dell'OCSE sugli investimenti internazionali e le imprese multinazionali (la "Dichiarazione") [OCSE/LEGAL/0144]*, nella quale i Membri e i non-Membri che vi hanno aderito (gli "Aderenti") raccomandano congiuntamente alle imprese multinazionali che operano nei loro territori, o a partire da essi, l'osservanza delle *Linee guida per le imprese multinazionali sulla condotta responsabile d'impresa* (le "*Linee guida*");

RICONOSCENDO che, con la diffusione delle attività delle imprese multinazionali nel mondo, la cooperazione internazionale per le questioni concernenti la Dichiarazione dovrebbe essere estesa a tutti i paesi;

CONSIDERANDO auspicabile il rafforzamento delle procedure attraverso le quali possono aver luogo le consultazioni su questioni contemplate dalle *Linee guida* e la promozione dell'efficacia delle stesse;

Su proposta del Comitato per gli investimenti:

DECIDE:

I. Punti di contatto nazionali per la condotta responsabile d'impresa

1. Gli Aderenti istituiscono i Punti di contatto nazionali per la condotta responsabile d'impresa (PCN) per promuovere l'efficacia delle *Linee guida*. I PCN hanno le seguenti responsabilità:

a) Promuovere la conoscenza e l'utilizzo delle *Linee guida*, anche rispondendo alle richieste di informazioni;

b) Contribuire alla risoluzione delle questioni che si presentano in relazione all'attuazione delle *Linee guida* nelle istanze specifiche.

Inoltre, ove appropriato e in coordinamento con gli organismi pubblici competenti, i PCN possono anche fornire supporto agli sforzi dei rispettivi governi nello sviluppo, nell'attuazione e nel rafforzamento della coerenza delle politiche volte alla promozione della condotta responsabile d'impresa.

La comunità imprenditoriale, le organizzazioni dei lavoratori, le altre organizzazioni non governative e gli altri stakeholder vengono informati della disponibilità dei PCN.

2. I PCN dei diversi Aderenti, qualora se ne presenti la necessità, cooperano su qualsiasi questione collegata alle *Linee guida* attinente alle loro attività. Come regola generale, le discussioni a livello nazionale dovrebbero essere avviate prima di contattare altri PCN.

3. I PCN si riuniscono regolarmente per condividere esperienze e riferire al Comitato per gli investimenti.

4. Gli Aderenti mettono a disposizione dei propri PCN risorse umane e finanziarie affinché questi possano assolvere pienamente alle proprie responsabilità, in modo da soddisfare del tutto i criteri di efficacia descritti nelle Procedure allegate alla presente Decisione, tenendo conto delle capacità e delle prassi interne di bilancio.

5. Gli Aderenti sottopongono i rispettivi PCN a periodiche revisioni tra pari (peer reviews), secondo le modalità adottate dal Gruppo di lavoro sulla condotta responsabile d'impresa (WPRBC).

II. Comitato per gli investimenti e il Gruppo di lavoro sulla condotta responsabile d'impresa (WPRBC)

1. Il Comitato per gli investimenti ("il Comitato") sovrintende all'attuazione della Dichiarazione sugli investimenti internazionali e le imprese multinazionali. Il WPRBC assiste il Comitato nell'attuazione della Sezione I della Dichiarazione per quanto riguarda le sue responsabilità in relazione alle *Linee guida*.

2. Il Comitato, periodicamente o su richiesta di un Aderente, effettua scambi di opinioni sulle questioni oggetto delle *Linee guida* e sull'esperienza maturata nella loro applicazione. Il Comitato invita periodicamente il Business at OECD (BIAC), il Trade Union Advisory Committee to the OECD (TUAC) (gli "organi consultivi") e l'OECD Watch, nonché altri partner internazionali ad esprimere le proprie opinioni sulle questioni oggetto delle *Linee guida*. Inoltre, su loro richiesta possono aver luogo scambi di opinioni con loro su tali questioni.

3. Il Comitato si confronta con i non Aderenti sulle questioni oggetto delle *Linee guida* al fine di promuovere la condotta responsabile d'impresa in tutto il mondo in conformità con le *Linee guida* e creare condizioni di parità. Si sforza inoltre di cooperare con i non Aderenti che hanno un particolare interesse per le *Linee guida* e nella promozione dei suoi principi e standard.

4. Il Comitato ha la responsabilità di fornire chiarimenti sulle *Linee guida*. Alle parti coinvolte in un'istanza specifica che abbia dato luogo a una richiesta di chiarimento è data l'opportunità di esprimere il proprio parere oralmente o per iscritto. Il Comitato non trae conclusioni sul comportamento di singole imprese.

5. Il Comitato procede a scambi di opinioni sulle attività dei PCN al fine di migliorare l'efficacia delle *Linee guida* e promuovere l'equivalenza funzionale dei PCN.

6. Il Comitato riferisce periodicamente al Consiglio sulle materie oggetto delle *Linee guida*. Nelle sue relazioni, il Comitato tiene conto dei rapporti dei PCN e dei pareri espressi dagli organi consultivi (BIAC e TUAC), dall'OECD Watch, da altri partner internazionali e dai non Aderenti se del caso.

7. Il Comitato, in collaborazione con i PCN, promuove attivamente l'effettivo rispetto dei principi e degli standard contenuti nelle *Linee guida* da parte delle imprese. In particolare, esso ricerca opportunità di collaborazione con gli organi consultivi (BIAC e TUAC), con l'OECD Watch, con altri partner internazionali e con altri stakeholder, al fine di incoraggiare il contributo positivo che le imprese multinazionali, facendo riferimento alle *Linee guida*, possono dare al progresso economico, ambientale e sociale, in vista del conseguimento dello sviluppo sostenibile, nonché di favorire l'identificazione dei rischi di impatti negativi associati a particolari prodotti, regioni, settori o industrie e la risposta ad essi.

III. Attuazione e revisione della decisione

1. Le Procedure allegate alla presente Decisione stabiliscono aspettative, raccomandazioni e indicazioni applicabili agli Aderenti, ai PCN, al Comitato e al WPRBC nell'attuazione della presente Decisione.

2. La presente Decisione è soggetta a revisione periodica. Il Comitato formula proposte in merito, e il WPRBC può sviluppare tali proposte e presentarle al Comitato.

Procedure

I. Punti di contatto nazionali per la condotta responsabile d'impresa

Il compito dei Punti di contatto nazionali per la condotta responsabile d'impresa (PCN) è quello di promuovere l'efficacia delle *Linee guida*. I PCN opereranno in maniera:

1. visibile,
2. accessibile,
3. trasparente,
4. responsabile,
5. imparziale ed equa,
6. prevedibile e
7. compatibile con le *Linee guida*

Questi principi insieme costituiscono i criteri fondamentali di efficacia dei PCN. I PCN, considerate le circostanze peculiari in cui ciascuno si trova, perseguiranno l'equivalenza funzionale, vale a dire che tutti i PCN opereranno con un grado di efficacia equivalente, attraverso il soddisfacimento dei criteri fondamentali di efficacia.

A. Assetto istituzionale

Coerentemente con gli obiettivi di equivalenza funzionale dei PCN e di promozione dell'efficacia delle *Linee guida*, gli Aderenti godono di flessibilità nell'organizzare i rispettivi PCN per soddisfare i criteri di efficacia fondamentali. Nel determinare l'assetto istituzionale dei rispettivi PCN, i governi ricercheranno il sostegno attivo delle parti sociali, se del caso, di altri stakeholder e di altri organismi pubblici competenti.

Di conseguenza, i PCN:

1. Saranno composti, organizzati e dotati di risorse sufficienti, in modo da offrire una struttura efficace per affrontare le molte e diverse questioni oggetto delle *Linee guida*, avere accesso alle competenze su tutti gli aspetti pertinenti del loro mandato, operare in modo imparziale e mantenere un adeguato livello di responsabilità nei confronti dei governi aderenti.
2. Possono ricorrere a diverse forme di organizzazione per soddisfare i criteri fondamentali di efficacia e perseguire l'equivalenza funzionale, avendo cura di mantenere la fiducia degli stakeholder. Ad esempio, un PCN può essere costituito da un alto funzionario governativo o da un ufficio governativo diretto da un alto funzionario; da un organismo interministeriale o inter-istituzionale, composto o guidato da alti funzionari; da un organismo composto da rappresentanti del governo, della comunità imprenditoriale, delle organizzazioni dei lavoratori e di altre organizzazioni non governative (multi-stakeholder) e/o da esperti indipendenti. I governi sono incoraggiati ad includere rappresentanti della comunità imprenditoriale, delle organizzazioni dei lavoratori e di altre organizzazioni non governative negli organismi consultivi o di supervisione, laddove sia utile ad assistere il PCN nell'assolvimento dei suoi compiti.

3. Svilupperanno e manterranno relazioni significative e si confronteranno, eventualmente, con le parti sociali, nonché con i rappresentanti della comunità imprenditoriale, delle organizzazioni dei lavoratori, delle organizzazioni non governative e/o di altre parti interessate in grado di contribuire all'efficacia delle *Linee guida*.

B. Informazione e promozione

Il PCN:

1. Farà conoscere e diffonderà le Linee guida con mezzi adeguati, anche attraverso l'informazione on-line e nelle lingue nazionali. Il PCN dovrebbero inoltre promuovere le guide dell'OCSE relative alla due diligence sulla condotta responsabile d'impresa, tenendo conto della natura specifica della guida menzionata nei commenti al capitolo II, paragrafo 15 delle Linee guida. Gli stakeholder, compresi i potenziali investitori (dall'estero e verso l'estero), dovrebbero essere informati sulle Linee guida, a seconda delle necessità.
2. Diffonderà la conoscenza delle Linee guida, delle procedure previste per la loro attuazione e del PCN stesso, anche, eventualmente, attraverso la cooperazione con gli organismi pubblici competenti, con la comunità imprenditoriale, con le organizzazioni dei lavoratori, con altre organizzazioni non governative e con il pubblico interessato.
3. Risponderà alle richieste di informazioni sulle Linee guida e sulle guide dell'OCSE relative alla due diligence, nonché sul PCN in quanto tale, anche da parte di:
   a) altri PCN;
   b) la comunità imprenditoriale, le organizzazioni dei lavoratori, altre organizzazioni non governative e il pubblico; nonché
   c) i governi dei non Aderenti.

C. Istanze specifiche

Il PCN, in quanto meccanismo di reclamo extragiudiziale, contribuirà alla risoluzione delle questioni che si presentano in relazione all'attuazione delle *Linee guida* nelle istanze specifiche in coerenza con i criteri di efficacia fondamentali elencati nella precedente Sezione I A. Renderà pubbliche le procedure adottate per la gestione dei casi, vale a dire le procedure che esso segue nella gestione delle istanze specifiche, le quali saranno conformi alle presenti Procedure. I PCN sono incoraggiati a consultare gli stakeholder nell'elaborazione delle procedure di gestione dei casi. Esso offrirà un forum di discussione e la propria competenza sulle *Linee guida* per aiutare la comunità imprenditoriale, le organizzazioni dei lavoratori, altre organizzazioni non governative e altri stakeholder a risolvere le questioni sollevate in modo efficace, tempestivo e conforme alle leggi applicabili ed alle *Linee guida*. A seconda delle caratteristiche di ciascun caso, questa assistenza potrà consistere nel sostegno ad un dialogo costruttivo, nell'agevolazione degli accordi tra le parti e/o nella formulazione di raccomandazioni. Tra gli obiettivi di tale assistenza potranno esservi la promozione dell'attuazione delle *Linee guida* in futuro e/o la gestione degli impatti negativi in maniera coerente con le *Linee guida*.

Nel fornire tale assistenza, il PCN:

1. Laddove le caratteristiche dell'istanza specifica comportino l'interessamento di altri PCN, si coordinerà in buona fede con questi ultimi per designare il PCN capofila e i PCN di supporto.
2. Consulterà le parti sulle questioni sollevate, effettuerà una valutazione iniziale per stabilire se tali questioni giustifichino un esame ulteriore e risponderà alle parti coinvolte.
3. Qualora, sulla base della valutazione iniziale, dovesse stabilire che le questioni sollevate giustificano un esame ulteriore, offrirà i buoni uffici per aiutare le parti coinvolte a risolvere le questioni. A tal fine, il PCN si consulterà con le parti e, se del caso:

a) richiederà la consulenza delle autorità competenti e/o dei rappresentanti della comunità imprenditoriale, delle organizzazioni dei lavoratori, di altre organizzazioni non governative e di esperti;

b) si consulterà con il PCN di ogni altro Aderente interessato;

c) richiederà al Segretariato informazioni relative ad istanze specifiche simili o indicazioni al WPRBC nel caso di dubbi sull'interpretazione delle *Linee guida*. Tali informazioni e indicazioni hanno carattere consultivo, riservato e specifico e vanno intese come riferite al singolo caso, senza costituire chiarimenti sull'interpretazione delle *Linee guida*; tali chiarimenti restano di competenza del Comitato, come previsto nella Sezione II.2c. (infra). Nei limiti delle risorse disponibili, tali informazioni e indicazioni dovrebbero essere fornite rapidamente, per evitare ritardi nella gestione del caso;

d) offrirà e, con l'accordo delle parti coinvolte, faciliterà l'accesso a mezzi consensuali e non contenziosi, come la mediazione o la conciliazione, per assistere le parti nella risoluzione delle questioni.

4. Al termine della procedura, sentite le parti coinvolte, renderà noti gli esiti della stessa, attraverso la pubblicazione di una dichiarazione conclusiva, tenuto conto della necessità di tutelare le informazioni sensibili dell'impresa e degli altri stakeholder:

   a) Nel caso esso decida che le questioni sollevate non giustificano un ulteriore esame. La dichiarazione, in questo caso, dovrebbe come minimo descrivere le questioni sollevate, eventualmente le posizioni delle parti, i passi intrapresi dal PCN nell'esame dell'istanza specifica, l'impegno delle parti nella procedura e le ragioni della decisione adottata.

   b) Nel caso le parti abbiano raggiunto un accordo sulle questioni sollevate. La dichiarazione, in questo caso, dovrebbe come minimo descrivere le questioni sollevate, eventualmente le posizioni delle parti, i passi compiuti dal PCN nell'assistere le parti e quando è stato raggiunto un accordo. Le informazioni sul contenuto dell'accordo vi saranno incluse solo nella misura in cui le parti coinvolte vi acconsentiranno. Se del caso, una volta raggiunto un accordo il PCN potrebbe anche includere nelle sue dichiarazioni delle raccomandazioni sull'attuazione delle *Linee guida*.

   c) Nel caso non sia stato raggiunto un accordo o quando una parte non voglia partecipare alla procedura. La dichiarazione, in questo caso, dovrebbe come minimo descrivere le questioni sollevate, eventualmente le posizioni delle parti, i motivi per cui il PCN ha deciso che le questioni sollevate giustificano un ulteriore esame e le misure adottate dal PCN nell'assistere le parti, comprese le informazioni sull'impegno delle parti nella procedura. Il PCN dovrebbe anche, se del caso, formularvi raccomandazioni sull'attuazione delle *Linee guida*. Eventualmente, la dichiarazione potrebbe includere anche i motivi per cui non è stato possibile raggiungere un accordo. Ove opportuno ed ove consentito dalle leggi applicabili e dalle proprie procedure di gestione delle istanze specifiche, il PCN, a propria discrezione, potrebbe anche esprimere nella dichiarazione finale il proprio punto di vista sul fatto che l'impresa abbia o meno rispettato le *Linee guida*.

   Il PCN comunicherà tempestivamente gli esiti delle istanze specifiche da esso gestite al Comitato e al WPRBC.

5. A seconda dei casi, dopo la chiusura dell'istanza specifica, il PCN assicurerà un follow-up sull'attuazione delle raccomandazioni o dell'accordo raggiunto dalle parti. Il PCN dovrebbe pubblicare una dichiarazione di follow-up. Qualsiasi follow-up il PCN intendesse intraprendere dovrebbe essere menzionato anche nella dichiarazione finale, con tanto di tempistica.

6. Agirà con trasparenza e informerà le parti dell'istanza specifica di tutti i fatti e gli argomenti rilevanti portati alla sua attenzione dalle altre parti, in particolare durante la fase dei buoni uffici. Tuttavia, su ragionevole richiesta di una parte, ad esempio per proteggere le informazioni sensibili e/o gli

interessi degli stakeholder coinvolti nell'istanza specifica, il PCN potrebbe mantenere alcune informazioni riservate nei confronti delle altre parti.

7. Informerà le parti che non possono divulgare pubblicamente o comunicare a terzi, durante o dopo la procedura, fatti e argomenti condivisi dalle altre parti o dal PCN (eventualmente anche da un mediatore o conciliatore esterno) nel corso delle procedure descritte nei paragrafi 1-5 di cui sopra, a meno che la parte che le condivide acconsenta alla loro divulgazione, che tali fatti e argomenti siano già di pubblico dominio, o che la loro mancata divulgazione sarebbe contraria alle disposizioni del diritto nazionale.
8. Ove questioni si presentino nei non Aderenti, adotterà misure per addivenire ad una migliore comprensione delle stesse ed applicherà le presenti Procedure.
9. Durante tutta la procedura, i PCN dovrebbero adottare tutte le misure appropriate, nell'ambito delle loro capacità per affrontare i rischi di ritorsioni contro le parti di un'istanza specifica. Venuti a conoscenza di un caso effettivo o potenziale di ritorsione, i PCN dovrebbero, nella misura del possibile, sostenere la parte interessata per evitare o mitigare qualsiasi danno e contattare le autorità competenti, ove possibile in consultazione con le persone a rischio. I governi dovrebbero anche adottare misure adeguate per proteggere il PCN e i suoi membri dalle ritorsioni.

D. Sostegno agli sforzi dei governi per promuovere una condotta responsabile d'impresa

Nel promuovere l'efficacia delle *Linee guida*, i PCN possono, ove appropriato e in coordinamento con gli organismi pubblici competenti, sostenere gli sforzi dei rispettivi governi per sviluppare, attuare ed alimentare la coerenza delle politiche volte a promuovere una condotta responsabile d'impresa. Nell'offerta o nella richiesta di tale supporto si dovrebbe tenere conto delle risorse e della capacità del PCN di assolvere alle proprie responsabilità, quali descritte nel paragrafo I.1. della Decisione.

E. Rapporti

1. Ciascun PCN presenterà un rapporto annuale al Comitato e al WPRBC.
2. Tale rapporto dovrebbe contenere informazioni sulla natura e sui risultati delle attività del PCN, anche per quanto riguarda le istanze specifiche.

F. Revisioni tra pari (peer reviews)

Gli Aderenti sottoporranno i rispettivi PCN a periodiche revisioni tra pari organizzate dal Segretariato, come strumento per favorire un'attuazione efficace delle *Linee guida*, condividere le migliori pratiche e promuovere l'efficacia e l'equivalenza funzionale del PCN. Le modalità delle periodiche revisioni tra pari, comprese le procedure per lo svolgimento delle stesse, la durata del loro ciclo e le modalità di finanziamento saranno approvate dal WPRBC e riviste alla fine di ogni ciclo. Il primo ciclo di revisioni tra pari periodiche sarà avviato solo dopo l'approvazione di tali modalità.

II. Comitato per gli investimenti, il WPRBC e il Segretariato

1. Il Comitato, il WPRBC e il Segretariato prenderanno in esame le richieste di assistenza formulate dei PCN nello svolgimento delle loro attività, anche in caso di dubbio circa l'interpretazione delle *Linee guida* in circostanze particolari, secondo le rispettive responsabilità.

2. Il Comitato, con l'assistenza del WPRBC, al fine di accrescere l'efficacia delle *Linee guida* e promuovere l'equivalenza funzionale dei PCN:

a) prenderà in esame i rapporti annuali dei PCN descritti nella precedente Sezione I E. Sulla base di tali rapporti, il WPRBC produrrà annualmente un documento pubblico che analizza le attività dei PCN;

b) prenderà in esame le memorie circostanziate presentate da un Aderente, dagli organismi consultivi (BIAC o TUAC) o da OECD Watch, in cui si metta in discussione l'assolvimento, da parte di un PCN, delle proprie responsabilità nella gestione delle istanze specifiche. Il Comitato approverà la risposta all'unanimità. L'Aderente il cui PCN è oggetto di una memoria circostanziata parteciperà al processo in buona fede e si prevede che aderisca al consenso tranne in circostanze eccezionali;

c) prenderà in considerazione di fornire un proprio chiarimento sull'interpretazione delle *Linee guida*, su richiesta di un Aderente, di un organismo consultivo (BIAC o TUAC) o dell'OECD Watch. Tale richiesta potrà anche riguardare la corretta interpretazione delle *Linee guida* da parte di un PCN in un'istanza specifica, ma in tal caso il Comitato non giungerà a conclusioni sul comportamento di singole imprese;

d) se necessario, formulerà raccomandazioni per migliorare il funzionamento dei PCN e favorire un'attuazione efficace delle *Linee guida*. Quando, sulla base degli ultimi due cicli di rapporti annuali e su proposta del WPRBC, il Comitato determinerà che un PCN, per un lungo periodo di tempo e senza motivo legittimo, ha manifestamente operato in modo non compatibile con le presenti Procedure, potrà rivolgere opportune raccomandazioni all'Aderente ed invitarlo a riferire entro un determinato termine; potrà anche fare ciò a più riprese, fino a quando non constaterà che i problemi sono stati risolti. Il Comitato e il WPRBC assumeranno le decisioni su queste questioni per consenso. L'Aderente il cui PCN è interessato parteciperà al processo in buona fede e ci si attende che aderisca al consenso, salvo circostanze eccezionali;

e) collaborerà con partner internazionali;

f) si confronterà con i non Aderenti interessati sulle questioni oggetto delle *Linee guida* e sulla loro attuazione.

3. Il Comitato e il WPRBC potranno richiedere e valutare la consulenza di esperti su qualsiasi questione oggetto delle *Linee guida*. A tal fine il Comitato stabilirà le opportune procedure.

4. Il Comitato e il WPRBC assolveranno alle proprie responsabilità in modo efficace e tempestivo.

5. Nell'assolvimento delle proprie responsabilità, il Comitato e il WPRBC saranno assistiti dal Segretariato, che, sotto la guida generale del Comitato e del WPRBC, e subordinatamente al Programma di lavoro e bilancio dell'Organizzazione (PWB):

a) fungerà da centro di informazione per i PCN che hanno quesiti sulla promozione, sull'interpretazione e sull'attuazione delle *Linee guida*. Le informazioni sull'interpretazione delle *Linee guida* saranno fornite ai sensi del punto I.C.2.c) di cui sopra;

b) raccoglierà e renderà disponibili al pubblico - anche supportando il WPRBC nella pubblicazione del rapporto annuale che analizza le attività dei PCN di cui al punto II.2.a) di cui sopra – informazioni pertinenti sulle tendenze recenti e sulle pratiche emergenti in relazione all'assetto istituzionale dei PCN, sulle attività promozionali e sull'attuazione delle *Linee guida* nelle istanze specifiche. Il Segretariato elaborerà formulari unificati per supportare la creazione e il mantenimento di una banca dati aggiornata sulle istanze specifiche e condurrà un'analisi regolare di queste istanze specifiche;

c) faciliterà le attività di apprendimento tra pari (peer learning), di rafforzamento delle capacità e di formazione, in particolare in favore dei PCN dei nuovi Aderenti e dei nuovi addetti dei PCN, in merito alle *Linee guida* ed alle Procedure per la loro attuazione quali la promozione e l'agevolazione della conciliazione e della mediazione;

d) organizzerà revisioni tra pari periodiche dei PCN come indicato nella precedente Sezione I.F.;

e) faciliterà la cooperazione tra i PCN, ove necessario; e

f) promuoverà le *Linee guida* nei forum ed incontri internazionali pertinenti e fornirà supporto ai PCN e al Comitato nei loro sforzi per diffondere la conoscenza delle *Linee guida* tra i non Aderenti.

III. Varie

Le presenti Procedure non danno luogo ad ulteriori diritti od obblighi ai sensi del diritto internazionale.

Commenti alle Procedure di attuazione

1. La Decisione del Consiglio rappresenta l'impegno degli Aderenti di promuovere l'attuazione delle raccomandazioni contenute nel testo delle *Linee guida*. Le Procedure sono allegate alla Decisione del Consiglio e definiscono le aspettative, le raccomandazioni e altri orientamenti per gli Aderenti, per i Punti di contatto nazionali per la condotta responsabile d'impresa (PCN), per il Comitato per gli investimenti (il Comitato), per il Gruppo di lavoro per la condotta responsabile d'impresa (WPRBC) e per il Segretariato, senza dar luogo ad ulteriori diritti od obblighi ai sensi del diritto internazionale. L'uso del tempo presente o futuro identifica le aspettative. Il verbo "dovere" o "incoraggiare" indica le raccomandazioni. Il verbo "potere" indica gli orientamenti.

2. La Decisione del Consiglio stabilisce le principali responsabilità degli Aderenti in relazione ai PCN, che possono essere così riassunte:

- Istituire i PCN e informare gli stakeholder della disponibilità di strutture attinenti alle *Linee guida*.
- Rendere disponibili le necessarie risorse umane e finanziarie.
- Mettere i PCN di diversi Aderenti in grado di cooperare tra loro, se necessario.
- Mettere i PCN in grado di incontrarsi regolarmente e di riferire al Comitato.

3. La Decisione del Consiglio stabilisce, inoltre, le responsabilità del Comitato in relazione alle *Linee guida*, tra le quali:

- Organizzare scambi di opinioni su questioni relative alle *Linee guida*.
- Fornire chiarimenti, ove necessario.
- Avere scambi di opinioni sulle attività dei PCN.
- Riferire al Consiglio dell'OCSE sulle *Linee guida*.

4. Il Comitato per gli investimenti è l'organo dell'OCSE incaricato di vigilare sul funzionamento delle *Linee guida*. Questa responsabilità si applica non solo alle *Linee guida*, ma a tutti gli elementi della Dichiarazione (trattamento nazionale, strumenti sugli incentivi e disincentivi all'investimento internazionale e obblighi contradditori). Il Comitato cerca di garantire che ogni elemento della Dichiarazione sia rispettato e compreso e che si integri in maniera armoniosa con gli altri.

5. Il WPRBC è un organo ausiliario del Comitato con responsabilità attinenti alle *Linee guida* e alla Decisione. Le Procedure elencano una serie di modalità attraverso cui il WPRBC fornisce assistenza al Comitato, tra le quali:

- Elaborare le modalità di esecuzione delle revisioni periodiche tra pari dei PCN, sovrintendere all'organizzazione delle revisioni stesse ad opera del Segretariato e approvare i rapporti di revisione tra pari;
- Fornire una consulenza orientativa ai PCN che hanno dubbi riguardanti l'interpretazione delle *Linee guida* in circostanze particolari;
- Preparare le risposte del Comitato alle memorie circostanziate ed alle richieste di chiarimento sulle *Linee guida*;

- Fornire consulenza al Comitato in merito alla formulazione delle raccomandazioni da rivolgere ad un Aderente il cui PCN si sia rivelato manifestamente non funzionante per un lungo periodo di tempo e senza motivo legittimo;
- Supportare il Comitato nell'esame dei rapporti annuali dei PCN e nella redazione del rapporto pubblico annuale sull'attività dei PCN.

6. Coerentemente con la crescente rilevanza della condotta responsabile d'impresa per i non Aderenti, la Decisione prevede l'impegno e la cooperazione con i non Aderenti sulle questioni oggetto delle *Linee guida*. Tale disposizione consente al Comitato di organizzare apposite riunioni con i non Aderenti interessati per favorire la comprensione delle norme e dei principi contenuti nelle *Linee guida* e delle relative procedure di attuazione. Fatte salve le procedure OCSE pertinenti, il Comitato può anche associarli ad attività o progetti speciali sulla condotta responsabile d'impresa, anche invitandoli alle proprie riunioni.

7. Il Comitato coopererà con i PCN e cercherà occasioni di collaborazione con gli organi consultivi (BIAC e TUAC), con l'OECD Watch e con altri partner internazionali, con l'obiettivo di promuovere in maniera proattiva un'attuazione efficace delle *Linee guida*. In particolare, nell'ambito del proprio lavoro di supervisione della messa in atto della Dichiarazione, il Comitato, con il supporto del WPRBC, fornirà indicazioni sulla due diligence per una condotta responsabile d'impresa e cercherà di incrementare la capacità delle imprese di metterla in atto, anche per specifici settori, aree geografiche e aree a rischio. Ciò avverrà, tra l'altro, attraverso un confronto multi-stakeholder e tenendo conto delle esigenze delle piccole e medie imprese, in collaborazione con i PCN. Ulteriori indicazioni per i PCN in questo senso sono fornite nel paragrafo 21 (infra).

I. Commentario alle Procedure per i PCN

8. I PCN svolgono un ruolo importante nell'accrescere la notorietà e l'efficacia delle *Linee guida*. Sebbene l'osservanza delle *Linee guida* competa alle imprese nel loro comportamento quotidiano, i governi e i loro PCN possono contribuire ad un'attuazione efficace delle *Linee guida*. A tal fine, i governi hanno convenuto sulla necessità di dare indicazioni più precise per l'organizzazione e le attività dei PCN, anche attraverso riunioni periodiche ed attraverso la supervisione del Comitato.

9. Molte delle funzioni e delle attività contemplate nelle Procedure della Decisione non sono nuove, ma riflettono l'esperienza e le raccomandazioni sviluppate nel corso degli anni. Rendendole esplicite, si conferisce maggiore trasparenza al funzionamento previsto dei meccanismi di attuazione delle *Linee guida*. Tutte le funzioni sono ora delineate nelle sei sezioni dedicate alle Procedure relative ai PCN: Assetto istituzionale, Informazione e promozione, Istanze specifiche, Sostegno agli sforzi dei governi per promuovere una condotta responsabile d'impresa, Rapporti e Revisioni tra pari.

10. Queste sei parti sono precedute da un paragrafo introduttivo che definisce lo scopo fondamentale dei PCN, insieme ai criteri fondamentali di efficacia. Sebbene ai governi sia concessa flessibilità nelle modalità con le quali organizzare i PCN, tutti i PCN dovrebbero funzionare con un grado di efficacia equivalente, definito come "equivalenza funzionale". L'equivalenza funzionale è fondamentale affinché l'intera rete dei PCN contribuisca efficacemente all'attuazione delle *Linee guida*, in particolare per quanto riguarda il pieno coinvolgimento di tutti i PCN nel meccanismo delle istanze specifiche. Tale coinvolgimento di tutti i PCN è importante ai fini della fiducia degli stakeholder e della piena efficacia dei PCN su tutta la linea. Tutti i PCN, ciascuno alla luce delle circostanze particolari in cui si trova, perseguiranno l'equivalenza funzionale, attraverso il soddisfacimento dei criteri fondamentali di efficacia descritti di seguito, nell'assolvimento delle proprie responsabilità, che aiuteranno anche il Comitato e il WPRBC nelle revisioni tra pari e nelle discussioni sul comportamento dei PCN.

Criteri fondamentali di efficacia per l'equivalenza funzionale nelle attività dei PCN:

a. Visibilità.

In conformità con la Decisione, gli Aderenti si impegnano ad istituire PCN facilmente identificabili dagli stakeholder e dagli organismi pubblici competenti, al proprio interno ed al di fuori, e ad informare la comunità imprenditoriale, le organizzazioni dei lavoratori e altri stakeholder, comprese le ONG, sulla disponibilità di strutture attinenti ai PCN nell'attuazione delle *Linee guida*. In tal senso, sarà fondamentale per i PCN disporre di un sito web o di una pagina web completi. I governi sono tenuti a pubblicare informazioni sui rispettivi PCN, quali la loro collocazione all'interno dell'amministrazione, l'assetto istituzionale e le procedure di gestione dei casi, e ad assumere un ruolo attivo nella promozione delle *Linee guida*, anche attraverso eventi promozionali e materiali relativi allo strumento. Questi eventi e materiali potrebbero essere preparati in collaborazione con le imprese, con i lavoratori, con le ONG e con altri stakeholder, anche se non necessariamente ogni volta con tutte queste categorie assieme.

b. Accessibilità.

Un facile accesso ai PCN è importante per il loro efficace funzionamento. Ciò significa, tra l'altro, agevolare l'accesso ad imprese, lavoratori, ONG ed al pubblico in genere. I PCN dovrebbero rispondere a tutte le legittime richieste di informazioni e impegnarsi anche a gestire le istanze specifiche in modo efficiente e tempestivo. I PCN non esigeranno alcun pagamento per la presentazione di un'istanza e i requisiti per effettuarla saranno indicati chiaramente, prontamente disponibili, senza essere inutilmente gravosi. Ove necessario e a seconda del tempo e dei fondi di cui dispongono, I PCN possono anche fornire un'assistenza imparziale ed equa alle parti coinvolte. Tale assistenza può riguardare, ad esempio, l'uso delle lingue e delle traduzioni, indicazioni sulla presentazione di un caso ammissibile e sulla partecipazione alla mediazione, la flessibilità per quanto riguarda le scadenze o la proposta di opzioni convenienti per la partecipazione alla procedura, come l'organizzazione di riunioni a distanza.

c. Trasparenza.

La trasparenza è un criterio importante sia per il suo contributo agli altri criteri fondamentali di efficacia, sia per ottenere la fiducia degli stakeholder, delle parti delle istanze specifiche e del pubblico in genere. Pertanto, come principio generale e fermo il rispetto delle leggi applicabili, le attività del PCN saranno trasparenti. Ad esempio, la pubblicazione dei rapporti annuali dei PCN all'OCSE può essere una dimostrazione di trasparenza. Tuttavia, in casi specifici, il PCN può stabilire la riservatezza di alcuni aspetti della procedura, in conformità con la Sezione I.C.6.-7 delle Procedure e relativi Commenti.

d. Responsabilità.

Alla luce del proprio compito di valorizzazione delle *Linee guida* – e del loro potenziale contributo alla gestione di questioni delicate tra le imprese e i contesti sociali in cui esse operano – i PCN renderanno conto delle proprie attività. A livello nazionale, i parlamenti, i governi, gli organi consultivi dei PCN, ove presenti, nonché gli stakeholder, potrebbero svolgere un ruolo nel fornire feedback sulle attività dei PCN e fungere da fonte di apprendimento continuo per il miglioramento delle prestazioni dei PCN. I rapporti annuali e le riunioni periodiche dei PCN, le attività di apprendimento tra pari e le revisioni tra pari offriranno l'opportunità di condividere esperienze e incoraggiare le "migliori pratiche" rispetto ai PCN. Il Comitato e il WPRBC organizzeranno anche scambi di opinioni ed esperienze, in occasione del quali potrà essere valutata l'efficacia dell'attività dei PCN.

e. Imparzialità ed equità.

Essere imparziali ed equi è fondamentale per assicurarsi la fiducia costante degli stakeholder, delle parti delle istanze specifiche e del pubblico in genere. Di conseguenza, i governi organizzeranno i propri PCN in modo da consentire loro di agire ed essere percepiti come tali. I PCN garantiranno l'imparzialità nella risoluzione delle istanze specifiche, anche cercando di prevenire e gestire attivamente i conflitti di interessi potenziali o percepiti di qualsiasi persona che, per conto del PCN, svolga un ruolo di assistenza alle parti nella risoluzione delle questioni sollevate in un'istanza specifica. I PCN dovrebbero anche cercare di garantire, in particolare attraverso procedure di gestione dei casi chiare e accessibili, che le parti possano partecipare alla procedura a condizioni giuste ed eque, ad esempio cercando di garantire che gli squilibri di potere e di risorse non impediscano alle parti di partecipare efficacemente alla procedura, o fornendo un ragionevole accesso alle fonti di informazioni rilevanti per la procedura.

f. Prevedibilità.

Nel quadro delle loro attività, i PCN forniranno informazioni chiare e pubblicamente disponibili sul loro ruolo e sulle procedure seguite nell'adempimento dei propri compiti, in particolare nella gestione delle istanze specifiche. Tra le cose che dovrebbero essere oggetto di tali informazioni vi sono:

- la prestazione dei buoni uffici,
- le fasi della procedura dell'istanza specifica, inclusi i tempi indicativi e i criteri per la valutazione iniziale,
- le aspettative di buona fede e di riservatezza,
- la natura della procedura ed i suoi possibili esiti, e
- il ruolo che i PCN possono svolgere nel monitorare l'attuazione degli accordi raggiunti tra le parti o delle raccomandazioni da essi formulate.

I PCN pubblicheranno le procedure di gestione delle istanze specifiche, redatte in termini chiari e accessibili ed informeranno regolarmente le parti coinvolte circa l'avanzamento del caso, in particolare laddove sia necessario prorogare i termini indicativi di cui ai paragrafi 51 e 52 che seguono.

g. Compatibilità con le *Linee guida*.

I PCN opereranno in modo compatibile con le *Linee guida*. Per quanto attiene, in particolare, alla gestione delle istanze specifiche, ciò significa lavorare con le parti per evitare qualsiasi situazione in cui gli accordi siano contrari alle *Linee guida*, o in cui le procedure di gestione dei casi siano incompatibili con le presenti Procedure.

Assetto istituzionale

11. L' assetto istituzionale dei PCN metteranno gli stessi in grado di soddisfare i criteri fondamentali di efficacia, mantenere la fiducia delle parti sociali, se del caso, e di altri stakeholder nonché di promuovere le *Linee guida* presso il pubblico. La Decisione e le Procedure accordano agli Aderenti flessibilità nel decidere gli assetti istituzionali dei rispettivi PCN, individuando alcune delle opzioni possibili. Esse elencano anche le caratteristiche minime necessarie a soddisfare queste aspettative, come il coinvolgimento dell'alta dirigenza, la disponibilità di risorse umane e finanziarie sufficienti ed un sufficiente grado di accesso alle competenze in merito alle questioni oggetto delle *Linee guida*. I governi godono di una certa flessibilità nell'attribuire un nome diverso al proprio PCN a seconda del contesto nazionale. Per promuovere la fiducia nel PCN, i governi dovrebbero consultare gli stakeholder in merito a decisioni capaci di incidere in modo significativo sull'assetto istituzionale di un PCN.

12. Indipendentemente dalla struttura che hanno scelto per i propri PCN, i governi sono incoraggiati ad istituire organi consultivi o di supervisione multi-stakeholder ove ciò sia utile ad assistere i PCN nell'adempimento dei loro compiti.

13. L'adeguatezza delle risorse è essenziale ai fini dell'efficacia e dell'autorevolezza dei PCN. La Decisione richiede agli Aderenti di dotare i rispettivi PCN delle risorse umane e finanziarie necessarie affinché essi assolvano efficacemente alle proprie responsabilità in modo da soddisfare pienamente i criteri

di efficacia. Gli Aderenti sono incoraggiati a mettere tali risorse a disposizione dei PCN come parte di un budget dedicato, se del caso. In caso di rotazione del personale, gli Aderenti dovrebbero garantire la continuità, anche attraverso l'adeguata formazione del nuovo personale, secondo necessità e con il supporto del Segretariato, e la conservazione della memoria istituzionale.

14. I PCN, indipendentemente dalla loro composizione, svilupperanno e manterranno relazioni significative e coopereranno con i rappresentanti degli organismi pubblici competenti, della comunità imprenditoriale, delle organizzazioni dei lavoratori, delle altre organizzazioni non governative e di altre parti interessate, per ottenere il sostegno attivo e la fiducia degli stakeholder.

Informazioni e Promozione

15. Le funzioni del PCN associate all'informazione e alla promozione sono di fondamentale importanza per accrescere la visibilità e la conoscenza delle *Linee guida* presso gli stakeholder e il pubblico in genere, e per incoraggiare le imprese ad agire in modo coerente con le *Linee guida* e ad utilizzare le guide dell'OCSE relative alla due diligence a tal fine.

16. I PCN sono tenuti a promuovere attivamente le *Linee guida* e sono incoraggiati a promuovere le guide dell'OCSE relative alla due diligence nei casi in cui ciò risulti pertinente, in ossequio, peraltro, alle Raccomandazioni del Consiglio di cui dette guide sono oggetto e tenendo conto della natura specifica delle Guide menzionate nel paragrafo 15 dei commenti al capitolo II delle *Linee guida*. Quali esempi di attività di promozione possono citarsi la messa a disposizione di materiale per gli stakeholder e l'organizzazione o la partecipazione ad eventi sulla condotta responsabile d'impresa. Potrebbero essere oggetto di promozione anche eventi relativi alla condotta responsabile d'impresa organizzati dall'OCSE, da altri PCN o da altri soggetti interessati. Le attività di promozione portate avanti dai PCN e le relative informazioni dovrebbero essere rese facilmente accessibili, disponibili online e con altri mezzi appropriati ed anche nelle lingue nazionali. Sui siti web dei PCN dovrebbero essere presenti collegamenti alle *Linee guida* e alle guide dell'OCSE relative alla due diligence sulla condotta responsabile d'impresa. Le versioni in lingua inglese e francese saranno rese disponibili dal Segretariato dell'OCSE.

17. A seconda dei casi, i PCN cercheranno di offrire le suddette attività e informazioni in maniera equa ad una gamma variegata e rappresentativa di stakeholder rilevanti. Le Procedure menzionano, a titolo esemplificativo, i potenziali investitori, sia dall'estero che verso l'estero. I PCN sono inoltre incoraggiati a contattare gli organismi pubblici e le reti diplomatiche competenti, che possono fungere da cassa di risonanza nella promozione delle *Linee guida* e far conoscere i PCN, anche presso gli stakeholder di altri paesi. Tenuto conto del contesto in cui un PCN si trova e delle risorse di cui dispone, la mappatura degli stakeholder e i piani per la promozione possono contribuire ad aumentare la portata e l'impatto degli sforzi promozionali di un PCN.

18. I PCN dovrebbero anche fornire informazioni sulle proprie responsabilità ed attività alla luce dei criteri fondamentali di efficacia. Dovrebbero promuovere il proprio ruolo nelle istanze specifiche presso gli stakeholder interessati, inclusi, ove possibile ed appropriato, coloro che, verosimilmente, potrebbero presentare un'istanza specifica. Dovrebbero quindi essere fornite informazioni circa i passi da compiere per presentare un'istanza specifica o per rispondervi, consigli sulle informazioni necessarie a presentare un'istanza specifica, informazioni sugli obblighi delle parti, anche in relazione alla riservatezza, nonché sulle procedure e sulla tempistica indicativa cui i PCN si atterranno.

19. Nei loro sforzi per diffondere la conoscenza delle *Linee guida*, i PCN coopereranno con un'ampia varietà di organizzazioni e individui, inclusi, se del caso, gli organismi pubblici competenti, la comunità imprenditoriale, le organizzazioni dei lavoratori, le organizzazioni non governative e altri stakeholder. Tali organizzazioni hanno un forte interesse nella promozione delle *Linee guida* e le loro reti istituzionali offrono opportunità di promozione che, se utilizzate a questo scopo, potenzieranno notevolmente gli sforzi dei PCN in questo senso.

20. Un'altra attività fondamentale che ci si aspetta dai PCN è che rispondano alle legittime richieste di informazioni. A questo proposito, tre gruppi meritano una particolare attenzione: i) gli altri PCN (come da pertinente disposizione della Decisione); ii) la comunità imprenditoriale, le organizzazioni dei lavoratori, altre organizzazioni non governative e il pubblico; e iii) i governi dei non Aderenti.

21. Per sostenere il Comitato e il WPRBC nella promozione proattiva dell'attuazione delle *Linee guida*, i PCN dovrebbero mantenere contatti regolari, anche tramite riunioni, con le parti sociali, se del caso, e con alti stakeholder al fine di:

a) prendere in esame i nuovi sviluppi e le pratiche emergenti in materia di condotta responsabile d'impresa;
b) sostenere il contributo positivo che le imprese possono dare al progresso economico, sociale e ambientale;
c) partecipare, se del caso, ad iniziative di collaborazione per identificare i rischi di impatti negativi associati a particolari prodotti, regioni, settori o industrie e per far fronte a tali rischi.

Apprendimento tra pari (peer learning)

22. Oltre a contribuire al lavoro del Comitato e del WPRBC per accrescere l'efficacia delle *Linee guida*, i PCN parteciperanno ad attività congiunte di apprendimento tra pari. Tale apprendimento tra pari potrà realizzarsi attraverso riunioni presso l'OCSE o attraverso la cooperazione diretta tra i PCN.

Revisioni tra pari (peer reviews)

23. Le revisioni tra pari sono un meccanismo importante per favorire un'attuazione efficace delle *Linee guida*, condividere le migliori pratiche e promuovere l'equivalenza funzionale. Come stabilito nella Decisione, gli Aderenti si impegnano a intraprendere periodiche revisioni tra pari dei PCN. Il Segretariato organizzerà tali revisioni tra pari sotto la supervisione del WPRBC. Le revisioni tra pari valuteranno i punti di forza e di debolezza del PCN in relazione all'assolvimento del suo mandato ed ai criteri fondamentali di efficacia definiti nella Sezione I delle Procedure, e porteranno, se del caso, alla formulazione di raccomandazioni tese al miglioramento.

24. Le modalità delle revisioni tra pari periodiche (procedura, durata del ciclo di revisione e modalità di finanziamento) saranno definite in un "Modello di base per le revisioni tra pari del PCN" che sarà approvato per consensus dal WPRBC e pubblicato sul sito web dell'OCSE. Il WPRBC riesaminerà il Modello di base alla fine di ogni ciclo, in particolare per garantire che ai PCN sia concesso tempo sufficiente per preparare le revisioni tra pari, che le revisioni tra pari non rappresentino un onere irragionevole, che abbiano un rapporto costi-benefici favorevole per i governi e per i PCN (anche per i PCN revisori) e tengano conto dei carichi di lavoro del WPRBC e del Segretariato, e che il processo di selezione dei PCN revisori assicuri a tutti i PCN l'opportunità di far parte di gruppi di revisori. Il ciclo di revisioni tra pari periodiche non inizierà fino a quando le modalità non saranno state approvate dal WPRBC.

Istanze specifiche

25. Quando sorgono problemi relativi all'attuazione delle *Linee guida* in casi specifici, il PCN dovrebbe fornire assistenza per risolverli, offrendosi come meccanismo di reclamo non giudiziario. In tale contesto, i PCN cercheranno di facilitare il dialogo tra le parti e di supportare la loro ricerca di soluzioni condivise e compatibili con le *Linee guida* alle questioni sollevate, ma anche di ispirare attivamente tale dialogo con la loro competenza sulle *Linee guida*. I PCN dovrebbero anche redigere le dichiarazioni finali in modo tale da fornire una guida sulla risoluzione dei problemi e sull'attuazione delle *Linee guida*. La "Guida dell'OCSE sul dovere di diligenza per la condotta responsabile d'impresa" e le guide settoriali dell'OCSE sulla due diligence sono una risorsa utile ai PCN per comprendere e promuovere meglio le *Linee guida*, ma non sono fatte per costituire, da sole, la base su cui presentare le istanze specifiche. Ciascun PCN pubblicherà le procedure da esso adottate, in aderenza alle presenti Procedure, per la gestione delle istanze specifiche,

rendendole chiare e facilmente accessibili. I PCN sono incoraggiati ad elaborare le proprie procedure di gestione delle istanze specifiche in consultazione con gli stakeholder.

Partecipazione in buona fede

26. La procedura delle istanze specifiche ha carattere volontario. Ci si attende che tutte le parti coinvolte in essa vi partecipino in buona fede. Partecipare in buona fede, in questo contesto, significa rispondere tempestivamente, rispettare, ove appropriato e coerente con le procedure di gestione delle istanze del PCN, le esigenze di riservatezza, non travisare le questioni e la procedura, in particolare nelle comunicazioni pubbliche, e non minacciare o attuare ritorsioni nei confronti delle parti coinvolte nella procedura o dello stesso PCN, nonché partecipare lealmente alla procedura al fine di trovare, per le questioni sollevate, una soluzione compatibile con le *Linee guida*, anche prendendo in seria considerazione qualsiasi offerta di buoni uffici avanzata dal PCN.

27. Qualora un PCN venisse a conoscenza della minaccia o dell'esistenza di ritorsioni nei confronti di una persona coinvolta in un'istanza specifica o del PCN stesso o di uno dei suoi membri, dovrebbe prendere provvedimenti nell'ambito delle proprie capacità e in consultazione con altri organismi pubblici competenti, come le rappresentanze diplomatiche, se del caso, con l'obiettivo di garantire che la persona a rischio abbia una protezione adeguata e che la procedura possa continuare in modo sicuro, accessibile, equo e imparziale. Prima di intraprendere qualsiasi azione al riguardo, il PCN, ove possibile, si consulterà con la persona a rischio. Le ritorsioni possono prendere la forma di minacce di danno all'individuo, alla sua famiglia o ad altri parenti, di minacce ingiustificate di interruzione del rapporto di lavoro o di determinate prestazioni, o di minacce ingiustificate di azioni legali. Possono rappresentare misure adeguate, per esempio, mantenere riservata l'identità della persona a rischio, suggerire che la persona a rischio sia rappresentata da una terza parte di fiducia, descrivere i tentativi di ritorsione in comunicati o dichiarazioni, contattare le autorità competenti o assistere la persona a rischio nel farlo.

28. Inoltre, a tutela dell'accessibilità e dell'imparzialità, i governi dovrebbero adottare misure adeguate per proteggere il PCN e i suoi membri dalle ritorsioni, in linea con il diritto interno e in consultazione con le autorità governative competenti. I governi dovrebbero sostenere le misure adottate dal PCN per tutelare sé stesso ed i propri membri.

Coordinamento tra PCN nelle istanze specifiche

29. Poiché le *Linee guida* sono rivolte dagli Aderenti alle imprese che operano "nei loro territori o a partire da essi", i PCN possono ricevere istanze specifiche relative a questioni che hanno luogo nei rispettivi paesi oppure a questioni riguardanti imprese ivi stabilite. Pertanto, alcune istanze specifiche possono riguardare i PCN di più Aderenti, come, ad esempio:

- nel caso in cui una istanza specifica interessi diversi paesi aderenti di origine e ospitanti (perché, ad esempio, ha ad oggetto le attività di un'impresa con sede in un Aderente, con ripercussioni in un altro Aderente, ovvero un'impresa con sedi diverse in più Aderenti);
- nel caso in cui le questioni sollevate in un'istanza specifica abbiano luogo in più Aderenti, ovvero riguardino più imprese insediate in più Aderenti;
- nel caso in cui la stessa istanza specifica o istanze specifiche correlate (come le istanze specifiche che coinvolgono diverse imprese attive sullo stesso progetto o nella stessa catena di fornitura) siano presentate a più di un PCN.

In tali situazioni, il o i PCN che hanno ricevuto le istanze specifiche informeranno e coordineranno fin dall'inizio con tutti gli altri PCN interessati con l'obiettivo di designare il capofila, supportare i PCN e adottare modalità di coordinamento.

30. In generale, il PCN del paese in cui le questioni sono sorte dovrebbe essere il PCN capofila. Tuttavia, in alcune situazioni potrebbero essere applicati criteri differenti, ad esempio quando ciò risulti necessario per contribuire alla risoluzione delle questioni sollevate, o quando le questioni sono sorte in un

non Aderente. Le parti dovrebbero essere informate in merito alle forme di coordinamento e consultate sulle decisioni di trasferimento del caso ad un PCN capofila diverso da quello a cui è stato presentato.

31. Il PCN capofila è responsabile di tutti gli aspetti procedurali dell'istanza specifica, e ad essa saranno applicate le procedure di gestione da questo adottate. Durante l'intera procedura dell'istanza specifica, i PCN di supporto saranno tenuti informati degli sviluppi e potranno mettere a disposizione proprie risorse, ad esempio esaminando dichiarazioni o rapporti, fornendo servizi di traduzione, fornendo supporto a riunioni congiunte con le parti e prestando altre forme di assistenza pratica. I PCN di supporto agiranno in buona fede per favorire la risoluzione dell'istanza specifica e tutti i PCN coinvolti rispetteranno le esigenze di riservatezza e faranno un uso appropriato delle informazioni e dei materiali ricevuti da altri PCN.

32. I PCN, nel corso della discussione per la designazione del PCN capofila e dei PCN di supporto e per il loro coordinamento, possono chiedere l'assistenza del presidente del WPRBC che può anche consistere nella formulazione di proposte. In mancanza di consenso, il PCN o i PCN che hanno ricevuto l'istanza specifica o le istanze specifiche dovrebbero adottare la decisione definitiva sul caso in consultazione con gli altri PCN interessati e tenere questi ultimi regolarmente informati sullo stato di avanzamento.

Valutazione iniziale

33. Dopo aver consultato le parti sulle questioni sollevate e, se del caso, essersi coordinati con gli altri PCN interessati per designare un PCN capofila alla luce dei paragrafi 29-32 di cui sopra, il PCN effettuerà una valutazione iniziale per stabilire se la questione sollevata giustifichi un esame ulteriore.

Nell'effettuare questa valutazione iniziale, il PCN terrà conto:

- dell'identità della parte interessata e del suo interesse alla questione;
- della materialità della questione, ovvero della sua rilevanza rispetto all'attuazione delle *Linee guida*, nonché del suo essere suffragata da informazioni sufficienti e credibili;
- dell'applicabilità delle *Linee guida* all'impresa;
- del legame verosimile tra le attività dell'impresa e la questione sollevata nell'istanza specifica;
- della misura in cui la legge applicabile e/o i procedimenti paralleli limitano la capacità del PCN di contribuire alla risoluzione della questione e/o all'attuazione delle *Linee guida*, alla luce del paragrafo 35 (infra);
- del potenziale contributo dell'esame della questione alle finalità e all'efficacia delle *Linee guida*.

34. Dopo la sua valutazione iniziale, il PCN risponderà agli stakeholder. Se il PCN deciderà che le questioni non giustificano un esame ulteriore, informerà le parti dei motivi della sua decisione. Una decisione secondo cui un caso giustifica un ulteriore esame non significa che le questioni sollevate siano state oggetto di una valutazione definitiva e non implica alcuna conclusione in merito al fatto che un'impresa abbia o meno agito in conformità alle *Linee guida*.

Procedimenti paralleli

35. Il termine "procedimenti paralleli" si riferisce ai procedimenti giudiziali o stragiudiziali, di carattere nazionale o internazionale, che hanno ad oggetto le medesime questioni o questioni strettamente correlate a quelle dell'istanza specifica in corso e che potrebbero influenzarla. Può anche trattarsi, ad esempio, di altre istanze specifiche in essere dinanzi allo stesso PCN o ad un altro PCN. Il fatto che procedimenti paralleli si siano svolti o siano in corso di svolgimento, o che sia dato alle parti interessate di instaurarli, non impedisce al PCN di offrire i propri buoni uffici alle parti. I PCN dovrebbero valutare se un'offerta di buoni uffici possa dare un contributo positivo alla risoluzione delle questioni sollevate e/o all'attuazione futura delle *Linee guida* e non crei gravi pregiudizi a nessuna delle parti coinvolte in questi altri procedimenti né comprometta l'autorità della giustizia. Nell'effettuare tale valutazione, i PCN potrebbero

tener conto delle pratiche di altri PCN, considerare la possibilità di accettare parzialmente l'istanza specifica o di sospenderne l'esame mentre sono in corso i procedimenti paralleli e, se del caso, consultare le istituzioni presso cui i procedimenti paralleli sono in corso di svolgimento o potrebbero svolgersi. I PCN, nell'esame di tali questioni, solleciteranno l'assistenza delle parti richiedendo le informazioni e i punti di vista pertinenti sui procedimenti paralleli.

Buoni uffici

36. Laddove le questioni sollevate giustifichino un esame ulteriore, il PCN offrirà i propri "buoni uffici" nel tentativo di contribuire alla risoluzione delle questioni. Nell'ambito dei buoni uffici, il PCN potrà richiedere il parere delle autorità competenti, dei rappresentanti della comunità imprenditoriale, delle organizzazioni sindacali, di altre organizzazioni non governative e di esperti, secondo le procedure di gestione delle istanze specifiche adottate. Del pari, la consultazione dei PCN di altri paesi o la richiesta di informazioni al Segretariato o di indicazioni al WPRBC su questioni relative all'interpretazione delle *Linee guida* potrebbero contribuire alla risoluzione della questione.

37. Attraverso i buoni uffici, i PCN offriranno alle parti una piattaforma di dialogo per assisterle nella risoluzione delle questioni sollevate. In linea con la natura stragiudiziale della procedura delle istanze specifiche, e previo consenso delle parti, il ruolo del PCN consisterà, tra l'altro, nel creare le condizioni per il dialogo e l'accordo tra le parti circa l'impegno dell'"impresa a promuovere l'attuazione delle *Linee guida* in futuro e, se del caso, affrontare, in conformità con le *Linee guida* stesse, gli impatti negativi che potrebbero essersi verificati. Nel facilitare il dialogo, il PCN dovrebbe spiegare le disposizioni delle *Linee guida* relative alle questioni sollevate in modo da aiutare le parti a conseguire un accordo compatibile con le *Linee guida*.

38. Nel prestare i buoni uffici, ove le questioni sollevate lo esigano, i PCN offriranno o faciliteranno l'accesso a procedure consensuali non contenziose, quali la conciliazione o la mediazione, per agevolare la risoluzione delle questioni. Com'è già prassi consolidata nel caso di conciliazione o di mediazione, queste procedure non saranno utilizzate che con l'accordo delle parti interessate ed a fronte del loro impegno a partecipare in buona fede alla procedura. Ove la scelta ricada sulla mediazione i PCN possono decidere di portarla avanti essi stessi, ovvero, in consultazione con le parti, di ingaggiare mediatori esterni per condurla o darvi supporto.

Conclusione della procedura

39. I PCN sono tenuti a rendere sempre pubblici gli esiti di un'istanza specifica in conformità ai paragrafi I.C-4. e I.C-6. delle Procedure.

40. Se il PCN, effettuata la valutazione iniziale, deciderà che le questioni sollevate nell'istanza specifica non giustificano un esame ulteriore, dovrà pubblicare una dichiarazione, dopo essersi consultato con le parti coinvolte e tenendo conto della necessità di mantenere la riservatezza sulle informazioni sensibili di natura commerciale e non. Se il PCN, in base agli esiti della valutazione iniziale, riterrà non corretto rivelare pubblicamente l'identità di una parte nella dichiarazione relativa alla propria decisione, potrà redigere la dichiarazione stessa in modo da proteggere tale identità.

41. Il PCN potrà anche rendere pubblica la propria decisione che le questioni sollevate giustificano un esame ulteriore e la propria offerta di buoni uffici alle parti interessate.

42. Se le parti raggiungeranno un accordo sulle questioni sollevate, esse dovranno specificare in tale accordo con quali modalità e in che misura il contenuto dell'accordo sarà reso pubblico. Il PCN, consultate le parti, pubblicherà una dichiarazione con gli esiti della procedura. Il PCN potrà formulare raccomandazioni sull'attuazione delle *Linee guida* pure in presenza di un accordo, anche parziale, tra le parti.

43. Se le parti non raggiungeranno un accordo su nessuna delle questioni sollevate o su alcune di esse, se una o entrambe le parti si ritireranno dalla procedura, ovvero se il PCN rileverà che una o più

delle parti interessate all'istanza specifica non sono disponibili a impegnarsi o a parteciparvi in buona fede, questi pubblicherà una dichiarazione e formulerà, se del caso, delle raccomandazioni per l'attuazione delle *Linee guida* in relazione alle questioni sollevate. Questa procedura stabilisce chiaramente che il PCN dovrà pubblicare un comunicato, anche quando non riterrà necessario formulare una specifica raccomandazione. La dichiarazione dovrà menzionare le parti in lite, le questioni sollevate, la data in cui tali questioni sono state presentate al PCN, le eventuali raccomandazioni del PCN e tutte le osservazioni che il PCN riterrà opportuno fare sui motivi per cui non è stato possibile addivenire ad un accordo.

44. Ove appropriato e rilevante per la risoluzione delle questioni, il PCN può anche, a propria discrezione, se consentito dalle leggi nazionali applicabili e dalle sue procedure di gestione delle istanze specifiche, esprimere nella dichiarazione finale il proprio punto di vista sul fatto che l'impresa abbia o meno rispettato le *Linee guida*. Allo stesso modo, ove appropriato, il PCN può informare gli organismi pubblici competenti circa la partecipazione o meno in buona fede delle parti, o della sua mancanza e dovrebbe comunicare in modo trasparente con le parti in merito alle misure previste o effettive a tale riguardo.

45. Il PCN dovrà redigere una bozza della dichiarazione, dando alle parti la possibilità di commentarla. Tuttavia, la dichiarazione è del PCN e sarà rimesso alla sua discrezione decidere se modificare o meno la bozza secondo i commenti delle parti.

Follow up

46. I PCN, se del caso, assicureranno il follow-up degli accordi da essi facilitati o delle raccomandazioni da essi formulate. Il follow-up potrebbe, ad esempio, rivelarsi non rilevante qualora le parti lo rifiutassero o concordassero che le questioni sono state completamente risolte. I termini ultimi per la sua realizzazione dovrebbero essere indicate nella dichiarazione del PCN. Il follow-up può comportare, ad esempio, una richiesta di aggiornamento alle parti, o uno o più incontri tra il PCN e le parti (separatamente o congiuntamente) per valutare i progressi sull'attuazione degli impegni assunti nell'accordo, o delle raccomandazioni del PCN. I PCN dopo aver eseguito il follow-up dovrebbe pubblicare una dichiarazione in merito ad esso.

Trasparenza e Riservatezza

47. La trasparenza è riconosciuta come principio generale di comportamento per i PCN (cfr. paragrafo 10c. nella sezione "Criteri fondamentali di efficacia", supra). Tuttavia, il paragrafo IC-6. delle Procedure riconosce che sussistono specifiche circostanze in cui il mantenimento della riservatezza su taluni fatti e argomenti addotti dalle parti è giustificato. Ad esempio, il PCN adotterà le misure appropriate per proteggere le informazioni aziendali sensibili, come i segreti commerciali. Allo stesso modo, altre informazioni, come l'identità delle persone coinvolte nella procedura, dovrebbero essere mantenute riservate, ad esempio se la loro divulgazione esporrebbe loro, o persone ad esse legate, al rischio di ritorsioni. È tuttavia importante trovare un equilibrio tra trasparenza e riservatezza al fine di rafforzare la fiducia nella procedura delle istanze specifiche e promuovere l'attuazione efficace delle *Linee guida*. Si conviene che i PCN possono essere obbligati a rispettare le leggi nazionali in materia di trasparenza e divulgazione, a prescindere da queste disposizioni.

48. Per quanto riguarda la condivisione delle informazioni tra le parti, nell'interesse di una procedura equa, il PCN dovrebbe, in linea di principio, portare a conoscenza delle parti tutti i fatti e gli argomenti pertinenti addotti dalle altre parti nel corso della procedura (in particolare durante la fase dei buoni uffici). Se una parte avanza una ragionevole richiesta di non condividere integralmente quanto prodotto con l'altra parte, in particolare per proteggere le informazioni commerciali sensibili e gli interessi di altri stakeholder, il PCN dovrebbe collaborare con la parte richiedente per oscurare qualsiasi contenuto sensibile, al fine di facilitare la condivisione. Per quanto possibile, i PCN dovrebbero evitare di basare aspetti fondamentali delle loro decisioni su informazioni che non sono rese disponibili ad entrambe le parti.

49. In relazione alle comunicazioni con il pubblico o con terzi, che abbiano ad oggetto l'istanza specifica, coerentemente con il criterio fondamentale di efficacia della trasparenza, le parti e il PCN

possono rendere nota al pubblico l'esistenza dell'istanza specifica, salvo diverso accordo tra le parti e il PCN. Inoltre, i PCN sono incoraggiati a consentire alle parti di comunicare pubblicamente in merito alla fase della procedura quale descritta nella Sezione IC1.-5 delle Procedure (o a farlo essi stessi) ed a consentire alle parti di pubblicare i rispettivi atti introduttivi. Entrambe le parti possono anche discutere informazioni o documenti condivisi dall'altra parte con i propri consulenti per l'istanza specifica, a condizione che questi ultimi non divulghino, a loro volta, tali informazioni. Le altre informazioni dovranno rimanere riservate se non diversamente concordato dalle parti. In particolare, i PCN, all'inizio della procedura, informeranno le parti che esse non possono mai divulgare fatti e argomenti condivisi dall'altra parte o dal PCN stesso (o, se del caso, da un mediatore o conciliatore esterno) nel corso della procedura, che non siano già di dominio pubblico, senza il consenso rispettivamente dell'altra parte o del PCN. Nell'interesse della prevedibilità e della fiducia, i PCN possono richiedere garanzie scritte alle parti ed ai loro consulenti a tale riguardo e adottare, nelle procedure di gestione delle istanze specifiche, disposizioni che incoraggino il rispetto delle loro richieste di non divulgazione.

Questioni presentatesi nei non Aderenti

50. Come indicato nel paragrafo 2 del capitolo "Concetti e principi", le imprese sono invitate a osservare le *Linee guida* ovunque esse esercitino le loro attività, tenendo conto delle situazioni peculiari in cui i singoli paesi ospitanti si trovano.

- Se questioni connesse alle *Linee guida* si presenteranno all'interno di non-Aderenti, i PCN dei paesi di origine dovranno adottare misure atte a favorire la comprensione di tali questioni. Laddove risultasse impossibile accedere a tutte le informazioni pertinenti o riunire tutte le parti coinvolte, il PCN potrebbe, comunque, essere in grado di svolgere indagini ed altre attività tese all'accertamento dei fatti. Ad esempio, potrebbe prendere contatti con la direzione aziendale nel paese di origine ed eventualmente, con le ambasciate e le autorità competenti del non-Aderente.
- I conflitti con le leggi, i regolamenti, le norme e le politiche dei paesi ospitanti potrebbero rendere l'effettiva attuazione delle *Linee guida* nelle istanze specifiche più difficile che negli Aderenti. Come indicato nel commento del capitolo "Principi generali", sebbene il loro campo di applicazione sia, in molti casi, più ampio di quello delle leggi, le *Linee guida* non devono porre l'impresa di fronte ad obblighi contradditori, non essendo questo il loro intento.
- Le parti dovranno essere avvisate dei limiti inerenti all'attuazione delle *Linee guida* nei non-Aderenti.
- Le questioni relative all'attuazione delle *Linee guida* nei non-Aderenti potranno essere esaminate anche durante le riunioni periodiche dei PCN, onde accumulare competenze utili alla soluzione delle questioni presentatesi nei non-Aderenti.

Tempistica indicativa

51. La procedura delle istanze specifiche si articola in cinque diverse fasi:

1. *Coordinamento*: ove necessario, coordinarsi con altri PCN in base alle caratteristiche dell'Istanza specifica ricevuta per determinare il PCN capofila. Gli accordi iniziali di coordinamento e di designazione dei PCN capofila e di supporto dovrebbero essere conclusi entro due mesi.
2. *Valutazione iniziale e decisione sull'offerta dei buoni uffici per assistere le parti*: i PCN dovrebbero cercare di concludere una valutazione iniziale entro tre mesi dall'identificazione dei PCN capofila e di supporto, anche se potrebbe servire più tempo per raccogliere o tradurre le informazioni necessarie per una decisione informata.
3. *Assistenza alle parti nello sforzo di risolvere le questioni sollevate*: se un PCN decide di offrire i propri buoni uffici, dovrà sforzarsi di facilitare la risoluzione delle questioni in modo tempestivo. Riconoscendo che i progressi attraverso i buoni uffici, compresa la mediazione e la conciliazione, dipendono in ultima analisi dalle parti coinvolte, il PCN dovrebbe, previa consultazione con le parti stesse, stabilire un ragionevole lasso di tempo per la discussione tra le parti volta a risolvere le

questioni sollevate. Se esse non riescono a raggiungere un accordo entro questo termine, il PCN deve consultarsi con esse in merito all'utilità di continuare a prestar loro la propria assistenza; se il PCN giunge alla conclusione che il proseguimento della procedura sarebbe, probabilmente, infruttuoso, deve chiudere la procedura stessa e redigere la dichiarazione.

4. *Conclusione della procedura*: il PCN dovrebbe sforzarsi di emettere la sua dichiarazione entro tre mesi dalla conclusione della procedura.
5. *Follow-up*: il PCN può determinare il proprio calendario per qualsiasi follow-up in consultazione con le parti.

52. Come principio generale, i PCN dovrebbero impegnarsi a concludere la procedura entro 12 mesi (14 mesi ove sia necessario il coordinamento per determinare un PCN capofila) dal ricevimento dell'istanza specifica. Resta inteso che le circostanze potrebbero rendere necessario estendere questo termine. Ciò potrebbe verificarsi, tra l'altro, nel caso in cui le questioni si presentino in un non-Aderente, qualora l'istanza specifica coinvolga più imprese, più istanti e più PCN o qualora si renda necessario effettuare traduzioni. Qualora fossero previsti o si verificassero ritardi nella gestione di un'istanza specifica, il PCN dovrebbe informarne le parti tempestivamente, in modo da mantenere la procedura prevedibile. Il PCN, in linea con le proprie procedure di gestione delle istanze specifiche, può decidere di pubblicare degli aggiornamenti sullo stato di avanzamento dei casi.

Rapporto al WPRBC e al Comitato per gli investimenti

53. La presentazione del rapporto è una responsabilità importante dei PCN che può anche favorire la costruzione di una base di conoscenze e competenze fondamentali per accrescere l'efficacia delle *Linee guida*. In quest'ottica, i PCN presenteranno il loro rapporto annuale al WPRBC e al Comitato per gli investimenti, consentendo, così, di integrare nel Rapporto annuale sulle *Linee guida* OCSE le informazioni su tutte le istanze specifiche avviate dalle parti. Il WPRBC fornirà al Comitato un'analisi dei rapporti annuali dei PCN da includere nel rapporto annuale sulle *Linee guida*. I rapporti annuali dei PCN dovrebbero includere le istanze specifiche in fase di coordinamento, valutazione iniziale, buoni uffici, conclusione o follow-up. Nel riferire sulle attività di attuazione nelle istanze specifiche, i PCN si atterranno ai criteri di trasparenza e riservatezza stabiliti nel paragrafo I.C-6-7 delle Procedure e nelle rispettive procedure di gestione dei casi.

Sostegno agli sforzi dei governi per promuovere una condotta responsabile d'impresa

54. La Decisione riconosce il supporto che i PCN possono fornire allo sviluppo, all'amministrazione e alla coerenza delle politiche e dei programmi governativi che promuovono una condotta responsabile d'impresa, a seconda dei casi e in accordo con gli organismi pubblici competenti. In particolare, i PCN possono favorire l'allineamento di questi sforzi con le *Linee guida* e contribuire a far sì che le *Linee guida* e altri strumenti e guide dell'OCSE da esse derivati, come le guide dell'OCSE sulla due diligence, rimangano gli standard internazionali per la condotta responsabile d'impresa.

55. I PCN, a seconda del contesto, possono sostenere gli sforzi dei rispettivi governi tesi a sviluppare, attuare ed alimentare la coerenza delle politiche di promozione della condotta responsabile d'impresa in diversi modi. In primo luogo, essi sono incoraggiati a trasmettere agli organismi pubblici competenti le loro dichiarazioni e i loro rapporti, nonché altri dati, sondaggi e approfondimenti, quando sono consapevoli che il contenuto di questi documenti può essere rilevante nell'ottica delle politiche o i dei programmi che tali organismi portano avanti, come nel caso della difesa di interessi commerciali, della diplomazia economica o di altre forme di supporto e di servizi alle imprese. In secondo luogo, gli Aderenti hanno ritenuto utile coinvolgere i rispettivi PCN nello sviluppo e nell'attuazione di politiche o programmi come nel caso dei piani d'azione nazionali sulla condotta responsabile d'impresa e/o su impresa e diritti umani. Questa disposizione non altera la natura volontaria delle *Linee guida* e qualsiasi supporto fornito dal PCN o ad esso richiesto dovrebbe tener conto delle sue capacità e priorità e non dovrebbe essere d'ostacolo all'assolvimento delle sue responsabilità descritte nella Decisione e nelle Procedure.

II. Commenti alle Procedure per il Comitato per gli investimenti, il WPRBC e il Segretariato

56. Le procedure della Decisione del Consiglio forniscono al Comitato, al WPRBC ed al Segretariato ulteriori indicazioni per l'assolvimento delle proprie responsabilità, tra le quali:

- Assolvere alle proprie responsabilità in maniera efficace e tempestiva.
- Esaminare le richieste di assistenza dei PCN, anche fornendo chiarimenti, indicazioni e informazioni sull'interpretazione delle *Linee guida* nelle istanze specifiche.
- Tenere scambi di opinioni sulle attività dei PCN.
- Prevedere la possibilità di richiedere consulenza a partner ed esperti internazionali.

57. La natura non vincolante delle *Linee guida* preclude al Comitato di agire come organo giudiziario o paragiudiziario. Né le conclusioni né le dichiarazioni emesse dal PCN (diverse dall'interpretazione delle *Linee guida*) dovrebbero essere messe in discussione da un rinvio al Comitato. Nella Decisione stessa è stata mantenuta la disposizione secondo cui il Comitato non deve trarre conclusioni sul comportamento di singole imprese.

58. Il Segretariato e il WPRBC prenderanno in esame le richieste di assistenza dei PCN in caso di dubbi sull'interpretazione delle *Linee guida* nel corso delle istanze specifiche. In tali situazioni, i PCN sono tenuti a contattare prima il Segretariato per ottenerne informazioni sull'interpretazione delle *Linee guida* in casi simili. Se tali informazioni non sono disponibili o sufficienti ad assistere il PCN, o il Segretariato non è in grado di assistere il PCN, il PCN può rivolgersi al WPRBC. Tali richieste saranno gestite in modo confidenziale e, sulla base delle risorse disponibili, rapido. Per accelerare la gestione delle richieste di indicazioni, il WPRBC può organizzare riunioni ad hoc o istituire un sottogruppo che vi risponda. In tal caso, il WPRBC elabora le procedure che dovranno essere seguite dal sottogruppo. Le informazioni fornite dal Segretariato e le indicazioni del WPRBC hanno carattere riservato e consultivo, e sono riferite al caso specifico. Il Segretariato riferirà regolarmente al WPRBC e il WPRBC riferirà regolarmente al Comitato, sulle questioni che hanno dato origine alle richieste di informazioni e di indicazioni e sulle risposte fornite, nel rispetto della riservatezza. Se il WPRBC riterrà che una questione su cui si richiedono indicazioni necessiti di un chiarimento dell'interpretazione delle *Linee guida*, inviterà il PCN a domandare un chiarimento al Comitato in base alla Sezione II.2.c) delle Procedure.

59. I chiarimenti sull'interpretazione delle *Linee guida* di cui alla Sezione II.2.c) delle Procedure rimangono una responsabilità fondamentale del Comitato per garantire che l'interpretazione delle *Linee guida* non vari da paese a paese. Una richiesta di chiarimento può essere presentata da un Aderente, da un organo consultivo (BIAC o TUAC) o dall'Osservatorio dell'OCSE, anche in merito al fatto che un PCN abbia correttamente interpretato le *Linee guida* o un precedente chiarimento del Comitato in un'istanza specifica chiusa. Il chiarimento del Comitato sarà preparato dal WPRBC con il supporto del Segretariato, secondo procedure che saranno definite dal Comitato, e sarà reso pubblico sul sito web dell'OCSE. Il Comitato nel fornire il suo chiarimento non trarrà conclusioni sulla condotta di singole imprese e non è previsto che i PCN riaprano un'istanza specifica a seguito di un chiarimento.

60. Nel discutere le attività del PCN, il Comitato potrà formulare le raccomandazioni necessarie a migliorarne il funzionamento, anche in relazione all'attuazione efficace delle *Linee guida*, e ad affrontare qualsiasi situazione in cui un PCN sia divenuto non funzionante. In particolare, il Comitato potrà determinare, sulla base degli ultimi due cicli di rendicontazione annuale di un PCN e su proposta del WPRBC, che un PCN, per un lungo periodo di tempo e senza motivo legittimo, ha palesemente operato in maniera non coerente con le Procedure. Tale constatazione potrebbe basarsi, ad esempio, sulla ripetuta mancata assegnazione delle risorse necessarie per l'adempimento delle responsabilità di base del PCN, su di un assetto istituzionale manifestamente inadeguato, sulla totale assenza di attività promozionali, sui ripetuti e significativi ritardi indebiti nella gestione delle istanze specifiche o sulla mancanza di reportisitca.

Il Comitato potrà quindi formulare raccomandazioni al Paese del PCN ed invitarlo a riferire sull'attuazione entro un periodo di tempo specificato, nonché formulare ulteriori raccomandazioni nel caso in cui quanto riferito non sia ritenuto soddisfacente dal Comitato per quanto attiene alla coerenza del funzionamento del PCN con le Procedure. Il Comitato potrà richiedere al Segretariato di assistere l'Aderente nell'attuazione delle raccomandazioni. L'Aderente del PCN interessato dovrebbe partecipare al processo in buona fede e ci si aspetta che si unisca al consensus, salvo circostanze eccezionali determinate da quel Paese.

61. Il Comitato prenderà in esame anche la richiesta motivata, presentata da un paese aderente, da un organo consultivo (BIAC o TUAC) o dall'OECD Watch in cui si lamenti che un PCN non sta assolvendo alle proprie responsabilità procedurali nell'attuazione delle *Linee guida* in un'istanza specifica. La risposta del Comitato sarà preparata dal WPRBC con il supporto del Segretariato, secondo le procedure definite dal Comitato. Sarà approvata per consenso. L'Aderente il cui PCN è oggetto di una memoria supportata da informazioni sufficienti e credibili, dovrebbe partecipare al processo in buona fede e dovrebbe aderire al consenso salvo in circostanze eccezionali determinate da quel paese. Il Comitato darà all'Aderente in questione la possibilità di esprimere la propria opinione sulla memoria circostanziata prima della sua decisione, e potrà invitare l'Aderente a riferire sull'attuazione di eventuali raccomandazioni entro dodici mesi dalla risposta.

62. Al fine di confrontarsi con i Non Aderenti sui temi oggetto delle *Linee guida*, il Comitato può invitare i Non Aderenti interessati alle proprie riunioni, alle Tavole rotonde annuali sulla Responsabilità d'Impresa e agli incontri relativi a specifici progetti sulla condotta responsabile d'impresa.

63. Infine, il Comitato e il WPRBC potrebbero volersi rivolgere ad esperti per affrontare questioni più ampie (ad esempio, il lavoro minorile o i diritti umani) o individuali e riferire su di esse, o con il fine di accrescere l'efficacia delle procedure. A tale scopo, il Comitato potrebbe avvalersi delle competenze interne dell'OCSE, delle organizzazioni internazionali, degli organi consultivi (BIAC e TUAC), dell'OECD Watch, delle organizzazioni non governative, del mondo accademico e di altri. Resta inteso che ciò non potrebbe dar vita ad un panel per risolvere singole questioni.

www.ingramcontent.com/pod-product-compliance
Lightning Source LLC
LaVergne TN
LVHW082048051026
849532LV00011B/3530
9789264621206